U0134937

麥 田 人 文

王德威／主編

知識分子論

Representations of the Intellectual ｜ Edward W. Said

艾德華‧薩依德——著　單德興——譯

經典版說明

為慶祝麥田出版成立二十週年，特挑選《知識分子論》作為本社十大經典之一，重新印行。《知識分子論》於1997年11月由本社初版，2002年4月由北京三聯書店出版簡體字版。本社於2004年1月發行增訂版，以紀念2003年9月辭世的薩依德，除更新〈薩依德專書書目提要〉之外，並增加〈薩依德年表〉及單德興先生的〈永遠的知識分子薩依德〉。此次經典版增加李有成先生的〈知識分子的畫像：單德興譯《知識分子論》經典版序〉及單德興先生的〈後記：《知識分子論》的中譯緣起與後續〉，更新附錄四〈薩依德專書書目提要〉及附錄五〈薩依德年表大事紀〉，重新製作中英及英中索引，並將全書由原先的直排改為橫排，各章之末的尾註改為腳註。特此說明。

2011年10月

作者簡介

艾德華・薩依德（Edward W. Said）

1935 年 11 月 1 日出生於耶路撒冷，在英國佔領期間就讀埃及開羅的西方學校，接受英式和美式教育，1950 年代赴美國就學，取得哈佛大學博士，1963 年起任教於紐約的哥倫比亞大學，講授英美文學與比較文學。薩依德著作等身，其中以《東方主義》（*Orientalism*, 1978）聞名遐邇，為當代舉足輕重的文學學者暨文化批評家，尤其對於後殖民論述的建立與發展發揮了決定性的影響，並以知識分子的身分投入巴勒斯坦政治運動，其學術表現與政治參與都引人矚目。本書為薩依德於 1993 年應英國廣播公司之邀所發表的系列演講，深入淺出地表達了薩依德對於「知識分子」此一重要議題多年思索與實踐的心得。薩依德於 2003 年 9 月 25 日病逝於紐約，享年 67 歲。

譯者簡介

單德興

國立台灣大學外文研究所博士（比較文學），現任中央研究院歐美研究所特聘研究員兼所長暨《歐美研究》主編，曾任中華民國英美文學學會理事長與中華民國比較文學學會理事長，美國加州大學（爾灣校區、柏克萊校區）、哈佛大學、紐約大學、英國伯明罕大學訪問學人及傅爾布萊特資深訪問學人，國立台灣大學外文研究所、國立交通大學外文研究所兼任教授，靜宜大學英文研究所兼任講座教授，三度獲得行政院國科會外文學門傑出研究獎，以及第五十四屆教育部學術獎，第六屆梁實秋文學獎譯文組首獎，第三十屆金鼎獎最佳翻譯人獎。著有《銘刻與再現：華裔美國文學與文化論集》、《反動與重演：美國文學史與文化批評》、《越界與創新：亞美文學與文化研究》、《翻譯與脈絡》、《薩依德在台灣》等，譯有《英美名作家訪談錄》、《美國夢的挑戰：在美國的華人》、《知識分子論》、《禪的智慧》、《格理弗遊記》、《權力、政治與文化：薩依德訪談集》等近二十種專書，並出版訪談集《對話與交流：當代中外作家、批評家訪談錄》及《與智者為伍：亞美文學與文化名家訪談錄》。研究領域包括比較文學、亞美文學、翻譯研究、文化研究。

目次

推薦序
知識分子的畫像：單德興譯《知識分子論》經典版序　李有成　　9

緒論　　　　　　　　　　　　　　　　　　　　　　單德興　2I

序言　　　　　　　　　　　　　　　　　　　　　　　　　　39

第一章　　知識分子的代表　　　　　　　　　　　　　　　　53

第二章　　為國族與傳統設限　　　　　　　　　　　　　　　77

第三章　　知識分子的流亡：放逐者與邊緣人　　　　　　　　99

第四章　　專業人與業餘者　　　　　　　　　　　　　　　　II9

第五章　　對權勢說真話　　　　　　　　　　　　　　　　　I39

第六章　　總是失敗的諸神　　　　　　　　　　　　　　　　I57

附錄一
知識分子論：薩依德訪談錄　　177

附錄二
擴展人文主義：薩依德訪談錄　　203

附錄三
永遠的知識分子薩依德：為《知識分子論》增訂版而撰　　233

附錄四
薩依德專書書目提要　　265

附錄五
薩依德年表大事紀　　285

後記
《知識分子論》的中譯緣起與後續　　單德興　291

中英索引　　307

英中索引　　313

知識分子的畫像

單德興譯《知識分子論》經典版序

李有成

薩依德（Edward W. Said）的《知識分子論》（*Representations of the Intellectual*）原著初刊於 1994 年，當時薩依德在文學、文化及政治批評方面的幾部重要著作俱已出版，這些著作包括《東方主義：西方對於東方的觀念》（*Orientalism: Western Conceptions of the Orient*, 1978）、《世界‧文本‧批評家》（*The World, the Text, and the Critic*, 1983）、《文化與帝國主義》（*Culture and Imperialism*, 1993），以及有關以巴問題的《巴勒斯坦問題》（*The Question of Palestine*, 1979）、《採訪伊斯蘭：媒體與專家如何決定我們觀看世界其他地方的方

式》（*Covering Islam: How the Media and the Experts Determine How We See the Rest of the World*, 1981）、《流離失所的政治：巴勒斯坦自決的奮鬥，1969-1994》（*The Politics of Dispossession: The Struggle for Palestinian Self-Determination, 1969-1994*, 1994）等。除了這些著作，薩依德還借助講臺、電視、廣播、報紙、雜誌等公共領域發言。他不僅術業有專攻，在學術研究上是國際級的一方人物，他長期對以阿問題的關注，對美國外交政策的批判，對西方媒體的撻伐，早已讓他成為英語世界最重要的公共知識分子（public intellectuals）之一。

　　薩依德在1935年11月1日出生於耶路撒冷的巴勒斯坦基督教家庭。《鄉關何處》（*Out of Place: A Memoir*, 1999）一書為薩依德僅有的長篇回憶錄，書中所敘大致為他自出生以至取得哈佛大學博士學位（1964年）當時的經歷。這部格局宏大的回憶錄除涉及薩依德的家族恩怨外，全書由二次大戰前後的現代中東歷史大事交織而成——英國的殖民統治、戰後美國的新殖民主義、以色列建國、巴勒斯坦的淪亡、1967年以阿六日戰爭、黎巴嫩內戰等等歷史事件，這些歷史事件環環相扣，至今非但餘波盪漾，塵埃尚未落定，和平也依然遙遙無望。

　　薩依德的出身與他身處的歷史事件對他一生的志業影響甚鉅。尤其自《東方主義》以降的眾多著作，一言以蔽之，

無非是他對阿拉伯世界歷史與命運的反應與見證。巴勒斯坦淪陷之痛可以說構成了薩依德泰半著作的主題，主導了他成年後的生命志業。《鄉關何處》臨結束前薩依德這樣寫道：「巴勒斯坦繼續失落，就是我們和我們其他親戚的生命的失落。1967 年帶來更多紛亂失所，在我心目中，1967 年所體現的紛亂包攝了其他所有的失落，諸如我少年歲月和我成長的世界，我受教育的非關政治的歲月，我在哥倫比亞大學自以為超脫世事的教書和治學等等。1967 年以後，我非復昔日之我；那場戰爭驅使我回頭尋找那一切的起點，也就是為巴勒斯坦的鬥爭。」（主要依據彭淮棟譯文）

　　薩依德對自己身為公共知識分子的角色知之甚深。1993年他應英國廣播公司（BBC）之邀擔任李思系列演講（The Reith Lectures），他選擇了知識分子作為此系列演講的中心議題。《知識分子論》一書即以此系列演講輯印而成，翌年最先在倫敦出版。三年後，中文世界刊行了單德興所譯的正體字版。單德興的譯本顯然要比原著豐富得多，除全書完整譯出並增加註釋之外，書前尚刊有譯者所撰〈緒論〉長文，書末更附有單德興與艾德蒙森（Mark Edmundson）分別對薩依德的訪談紀錄、薩依德專書書目提要，以及不見於原書的索引。〈緒論〉與附錄文字相當重要，可以協助讀者了解薩依德的生平、學術與政治關懷，乃至於本書的微言大意。

中譯本同時榮獲「1997中國時報開卷十大好書」與「1997聯合報讀書人最佳書獎」，無疑深受讀書界的肯定。2003年薩依德逝世後，《知識分子論》中譯本又印行增訂版，附錄增加了單德興追懷薩依德的長文〈永遠的知識分子薩依德〉。2002年，單譯簡體字版在北京出版。自《知識分子論》的中譯本面世之後，薩依德的部分主要著作陸續被譯成中文，其中包括單德興所翻譯的《權力、政治與文化：薩依德訪談集》（*Power, Politics, and Culture: Interviews with Edward W. Said,* 2001），他在中文世界的影響力也隨著這些中譯本的出現而與日俱增。單德興最近更將他這一、二十年間有關薩依德的著述輯印成《薩依德在台灣》一書出版，我們可以從中管窺單德興這些年來在譯介與研究薩依德所耗的時間與心力。

　　《知識分子論》無疑是薩依德的夫子自道，他這樣為知識分子勾勒了一個鮮明清晰的面貌：

　　　　我……堅決主張知識分子是社會中具有特定公共角色的個人，不能只化約為面孔模糊的專業人士，只從事自己那一行的能幹成員。我認為……知識分子是具有能力「向」（to）公眾以及「為」（for）公眾來代表、具現、表明訊息、觀點、態度、哲學或意見的個人。而且這個角色也有尖銳的一面，在扮演這個角色時，必須意識到

其處境就是公開提出令人尷尬的問題，對抗（而非產生）正統與教條，不能輕易被政府或集團收編，其存在的理由就是代表所有那些慣常被遺忘或棄置不顧的人們和議題。

這樣的知識分子顯然不屑成為權力結構的一部分，其典範反而較易於流亡者、業餘者、邊緣人中產生，這類人物往往構成主流社會之外的他者。《知識分子論》第三、第四章即分別析論這些他者的命運與知識分子的角色；薩依德之所以特別重視這類人物，顯然與他的一生際遇密切相關。

《知識分子論》第五章題為〈對權勢說真話〉，最能表現薩依德作為知識分子有所為有所不為的堅持。1995年出版的《和平及其不滿：中東和平進程中的巴勒斯坦》（*Peace and Its Discontents: Essays on Palestine in the Middle East Peace Process*）一書附錄有薩依德的一篇訪談錄，發表於1995年1月30日在開羅發行的報紙*Al-Arabi*。訪談者辛納威（Abdullah al-Sinnawi）在結束其訪談時問薩依德：如果一位知識分子成為權勢的一員或參與權勢，他是否還成其為知識分子？薩依德舉法國著名現代作家馬爾羅（André Malraux, 1901-1976）為例，認為馬爾羅自出任戴高樂政府的文化部長之日始，即失去其真正知識分子的身分。在他看來，「知識分子的角色是對權勢

說真話，在每個社會中毫不虛偽地對中心的權威說話，並且選擇最能達成這些目的的方法、風格、批判。之所以這樣是因為知識分子成就一種表現，……其主要目的不僅在表達風尚或某些轉眼即逝的流行事物，而是要表達真正的理念與價值。這對置身權勢的內部——如馬爾羅者——是無法表達的。」

　　也許是基於知識分子這樣的信念，1993年9月13日巴勒斯坦解放組織和以色列在華府簽訂「奧斯陸協議」（"Oslo Accords"）之後，薩依德由於對此協定深為不滿，竟不惜與當時的巴解主席阿拉法特（Yasir Arafat）割袍斷義。薩依德多年來協助阿拉法特，由於地利之便，等於巴解組織派駐紐約的發言人，長期為巴勒斯坦的命運奮鬥不懈。他同時自1977年即成為巴勒斯坦民族議會（Palestine National Council）的一員，直到1991年初秋為止。薩依德與阿拉法特和巴解的決裂多半出於理念：1980年代末期，薩依德發現巴解的利益已為組織中一群小資產階級所壟斷，這群人在意識形態上以美國馬首是瞻，巴解組織因此脫離市井街頭的巴勒斯坦人愈來愈遠。在薩依德看來，「奧斯陸協議」無異是巴勒斯坦人的凡爾賽和約，巴勒斯坦人失去的比獲得的來得多，甚至可能斷送其政治自由與獨立建國的權利。在「奧斯陸協議」之後，薩依德不斷透過文章、訪談、演說，對阿拉法特

與巴解組織大加撻伐，表示異議。向權勢說真話當然要付出代價，薩依德的生命甚至因而受到威脅，他的頭顱其實一度價碼不低。美國的若干文學學術期刊甚至曾經對此發表嚴正聲明，出面為薩依德表示抗議。類似的行動其實薩依德也曾有過。1989年世人見證了柏林圍牆的倒塌與北京的天安門事件，但1989年也是南亞裔英國作家魯西迪（Salman Rushdie）因小說《魔鬼詩篇》（*The Satanic Verses*, 1988）被控褻瀆伊斯蘭教先知穆罕默德而遭伊朗宗教領袖柯梅尼（Ayatollah Khomeini）下達格殺令（a *fatwa*）的一年。此事令國際輿論譁然，認為伊朗嚴重侵犯人權，但也獲得許多國家伊斯蘭教徒的支持。薩依德雖為巴勒斯坦人，卻甘冒得罪伊斯蘭教世界，在報章執筆為文，仗義為魯西迪辯護，伸張人權及言論自由。在薩依德看來，是非公義或人類的普世價值顯然遠遠超越個人的政治利益或身分立場。

誠然，對薩依德而言，當代知識分子最重要的角色其實正是「保衛表達的自由，因為知識分子的角色存在於語言」。在接受辛納威的訪問時，薩依德特別指出，「加諸於我們的語言是社群和家園的語言。這種語言充滿了各種壓力，諸如共識、民族主義、權力、無意義的聲音，以及一大串空洞的口號。」薩依德反本質主義的立場至為明顯。這樣的立場，對任何只知強求共識、權力至上，將族群意識或民

族主義無限上綱的社會來說，都有澄清的作用。薩依德心儀像印度的泰戈爾（Rabindranath Tagore, 1861-1941）或古巴的馬提（José Martí, 1853-1895）之類的知識分子，不因己身的族群意識或民族主義而吝於批評。其實對照他對阿拉法特與巴解組織的批判，泰戈爾與馬提的作為不正是巴勒斯坦人薩依德自身的寫照嗎？薩依德在第一次接受單德興的訪談時就很清楚地表明他的態度：「在艱困的時刻，知識分子是支持國家的理念重要，還是批評更為重要？而我自己的立場是：批評更為重要。」

2003年9月25日薩依德病逝於紐約這個他生活了大半輩子的城市。第二年，哥倫比亞大學出版社印行了薩依德生前較有系統撰寫的最後遺著《人文主義與民主批評》（*Humanism and Democratic Criticism*, 2004）。此書最後一章題為〈作家與知識分子的公共角色〉（"The Public Role of Writers and Intellectuals"），顯然到了生命末期，在病痛中薩依德仍然不斷思考與反省知識分子的角色與使命。經過了二十年，整個世界的政治與經濟轉變至鉅，他對知識分子的觀點也稍有修正與補充。他省思的核心是：知識分子是否可能所謂非政治性的？這樣的省思其實源於他對專業主義的疑慮，這一點他在《知識分子論》中已曾詳加分析。據他看來，在專業主義的驅策之下，媒體充斥著他所謂的政策知識分子（policy intellectuals），這些人忙於拉黨結派，為權力階級和利益集團服務。用他的話說，「名成利就都是強烈的興奮劑」。

此外，薩依德也重申歷史意識的重要性。在《知識分子論》第四章論專業人與業餘者時他即曾就此議題有所闡發。他以自己本行的文學研究為例，認為「專業化意味著愈來愈多技術上的形式主義，以及愈來愈少的歷史意識」。在單德興第一次與他訪談時，薩依德還特別強調歷史經驗與文學理論的關係。他說：「閱讀的經驗、文本的經驗對我而言是首要的。很難要我不指涉歷史經驗而創造出理論陳述。因此，我一向堅持歷史與具體經驗的首要性。」在《人文主義與民主批評》的最後一章，薩依德告訴我們，知識分子必須「預防或阻止過去的消逝」。在這麼一個急遽變動而歷史橫遭簡化或刪改的時代，「知識分子的角色是要就歷史提出另類的敘事與其他的觀點，而非接受代表官方記憶、國族認同與國族使命的鬥士所提供的那些敘事與觀點」，是要「隨時隨地挑戰並擊敗看不見的權力所強加的緘默與規範化的沉靜」。

換句話說，薩依德提醒知識分子——真正的知識分子或者他所稱道的異議知識分子（dissenting intellectuals）——不僅不能自囿於專業主義，更不能受縛於政黨、種族、族群、宗教及其他集團的立場，甚至讓這些立場凌駕是非黑白之上。知識分子若不能獨立思考，慎思明辨，並且發為批判，

反而為集團所籠絡，或被權勢階級所收編，或匍匐於某種絕
對的、不證自明的或不容挑戰的立場之前，以致身陷自設的
思想牢籠之中，無法獲得解放，上焉者只能謂之為順從者
（conformists），下焉者則淪為黨同伐異，不辨真偽，不論是
非，當然已不屬於薩依德心目中的知識分子。1994年，也
就是出版《知識分子論》的那一年，薩依德在與英國作家暨
文化批評家阿里（Tariq Ali）對談時表示，許多專家學者只
是想向權勢集團兜售其商品，「其主要目的不在說出真話，
或者說明當前僵局的替代選擇，而是為了維護現狀，滿足顧
客，成為依顧客而非依知識分子應該效命或至少代表的理想
或理念而生存的人。」

　　這十餘年來，單德興中譯的《知識分子論》能夠風行於
華人世界，尤其在討論知識分子的角色與使命時廣被引用，
多少反映了華人世界對知識分子仍然充滿嚮往和期待。我們
其實也有綿遠流長的士的文化傳統，只是現代意義的知識分
子卻似乎有些花果凋零，令人感傷。在這樣的脈絡下重刊
《知識分子論》，並列為麥田創社二十週年十大經典之一，特
別饒富意義。經典版中譯本《知識分子論》內文除經單德興
仔細修訂之外，〈薩依德專書書目提要〉與〈薩依德年表大
事紀〉也做了部分更新與增補，同時單德興還為這個新版本
撰寫〈後記〉，自述翻譯薩依德此書的緣起與其個人的翻譯

理念和實踐。〈後記〉還進一步析論中譯《知識分子論》幾個版本的異同，以及中譯本出版後所引發的回響與效應。經典版《知識分子論》的內容顯然又比過去幾個版本更為充實。單德興在譯事上孜孜不倦三十年，譯作近二十部，在翻譯研究上同樣也有建樹，因此不論理論或實踐無不卓然有成，《知識分子論》無疑是他翻譯生涯中極為重要的里程碑，其貢獻自不待言。

　　薩依德的著作在華人世界固然廣受重視，可惜他生前從未踏足亞洲任何華人地區。1991年12月6、7兩日我到加州大學爾灣校區參加一個題為「理論之旅行」（"Traveling Theory"）的學術會議，這個會議原本就是獻給薩依德的，因為薩依德有一篇經典論文即是以此為題。薩依德受邀在會議第二天發表主題演講，講題為〈再論理論之旅行〉（"Traveling Theory Reconsidered"），論文後來收入2000年出版的《流亡的省思及其他》（*Reflections on Exile and Other Essays*）一書中。我記得當天偌大的演講廳座無虛席，晚到者只能在走道上席地而坐。那次會議是我第一次、也是唯一一次遇見薩依德，我請他在他的兩本著作上簽名。午餐時他見我旁邊剛好有個空位，就過來與我並肩而坐。薩依德相當健談，我們聊了很多，他似乎對台灣和大陸很感興趣，實際談些什麼，事隔二十年，內容我已不復記憶。我只記得當場曾經邀請他到台灣

發表系列演講，他也很爽快答應，並要我保持聯繫。記憶中
的薩依德衣著高雅，那一天他一身灰色西裝，材質講究，剪
裁得體，西裝左胸口袋微露白色手帕，在學術界倒不多見。
那時候我已聽說他罹患血癌，只是當時在他身上絲毫未見病
容。

　　幾個月後，也就是 1992 年的春天，我到費城的賓州大
學研究。我想起跟薩依德的約定。我不記得事前是否曾經給
他寫信（按理應該是有的），但是我清楚記得，有一天上午
我掛了個電話到他在哥倫比亞大學的辦公室給他。接電話的
是一位女士，我說明原委，她表示薩依德不在，我問說何時
可以再行聯絡，可是卻不得要領。談話中我大致體會到要聯
絡薩依德恐怕不易，他身罹重症，生命還受到敵對政治勢力
的威脅，困難可以想像。我後來發現茲事體大，尤其事涉薩
依德的人身安全，自己其實沒有把握可以完成邀訪的工作，
也就沒有再進一步與他聯繫，邀訪的事因此有始無終。人生
多有憾事，未能促成薩依德到台灣發表系列演講或許也算是
憾事一件。

2011 年 7 月 14 日於中央研究院

緒論

單德興

大多數人主要知道一個文化、一個環境、一個家,流亡者至少知道兩個;這個多重視野產生一種覺知:覺知同時並存的面向,而這種覺知——借用音樂的術語來說——是**對位的**(*contrapuntal*)。……流亡是過著習以為常的秩序之外的生活。它是遊牧的、去中心的(decentered)、對位的;但每當一習慣了這種生活,它撼動的力量就再度爆發出來。

——薩依德,〈寒冬心靈〉

("The Mind of Winter," 1984, p. 55)

批評必須把自己設想成為了提升生命,本質上就反對一切形式的暴政、宰制、虐待;批評的社會目標是為了促進人類自

由而產生的非強制性的知識。

　　　　　　　——薩依德，《世界・文本・批評家》（頁29）

　　薩依德1935年11月1日出生於耶路撒冷，在英國佔領期間就讀埃及開羅的西方學校，接受英式和美式教育，1950年代赴美國就讀一流學府，獲普林斯頓大學學士（1957年）、哈佛大學碩士（1960年）及博士（1964年），1963年起任教於哥倫比亞大學，講授英美文學與比較文學凡四十載，2003年病逝於紐約。

　　薩依德著作等身，為當代聞名國際的文學學者暨文化批評家，並以知識分子的身分投入巴勒斯坦政治運動，其學術表現和政治參與都很引人矚目，如著名的非裔美國哲學家魏思特（Cornel West）在本書平裝本的封底推薦詞中稱頌薩依德為「當今美國最傑出的文化批評家」，但也由於熱切關懷、積極參與巴勒斯坦的政治，以致和喬姆斯基（Noam Chomsky, 1928-，美國語言學家）一樣，成為美國最具爭議性的學院人士。他在許多場合提到1967年的中東戰爭是其人生的轉捩點：之前，學術與政治分屬兩個截然不同的領域；之後，二者合而為一。這點在本書所附的訪談錄中也有明確表示。

　　在《認同・權威・自由：君主與旅人》（*Identity, Authority*

and Freedom: The Potentate and the Traveller, 1991）中，薩依德進
一步提到自己的三重身分：「我是個巴勒斯坦的阿拉伯人，
也是個美國人，這所賦予我的雙重角度即使稱不上詭異，但
至少是古怪的。此外，我當然是個學院人士。這些身分中沒
有一個是隔絕的；每一個身分都影響、作用於其他身分。
……因此，我必須協調暗含於自己生平中的各種張力和矛
盾。」（頁12）然而值得注意的是，這種身分／認同的設定
並不是為了排除「異己」（「異」於自「己」的他者），而是
為了更寬廣的人道關懷，正如他在另一篇訪談中所說的：
「一方面你爭取代表自己的權利，要有自己的民族性；但另
一方面，除非這些是連接上更寬廣的實踐（也就是我所謂的
解放），否則我是完全反對的。」[1]

　　薩依德的學術及個人生涯頗具特色。他是早期少數體
認到歐陸理論的重要並率先引入美國學界的文學及文化學
者。他所引介的包括現象學、存在主義、結構主義、後結構
主義以及後殖民論述等，也曾專文討論過包括傅柯（Michel
Foucault, 1926-1984）在內的理論家與批評家，更把這些理
論與批評融入並落實於特定作家、作品及專題的研究，而不

---

[1] 羅賓斯，〈美國知識分子與中東政治：薩依德訪談錄〉，文刊《社會文本》
　　（Bruce Robbins, "American Intellectuals and Middle East Politics: An Interview
　　with Edward W. Said," *Social Text*, 19/20 [1988]），頁52。

局限於嚴格定義下的文學，因此在人文科學的科際整合上扮演著重要的角色。他在文學與文化研究上的突出表現，和結合文學／文化理論、文本分析、解放思想的批評理念與策略密切相關。

　　第三世界的背景使他對於研究對象有著異於英美學術主流的角度及關懷。例如，他的第一部專書《康拉德與自傳小說》（*Joseph Conrad and the Fiction of Autobiography*, 1966）係根據博士論文修訂而成，討論波蘭裔英國作家康拉德的小說，內容結合了康拉德的生平、書信、較短篇的小說，表面看來與主流的研究方式相似，然而在全書伊始薩依德寫道：「他〔康拉德〕是位自覺的外國人，以異國的語言〔英文其實是康拉德的第三語言〕撰寫隱晦的經驗，而他太了解這一點了。」（頁4）由此可見，他之所以對康拉德感興趣，除了作品本身的文學價值之外，類似的流亡、移民、歸化、書寫、創作、自傳等也扮演了重要的角色。換言之，他的研究除了著重於康拉德作品的美學特色之外，對於來自同屬被殖民地區的背景（波蘭當時被俄國沙皇統治）而且以英文創作的相關經驗有著感同身受的領會。康拉德作品中對於帝國主義與殖民主義的描寫以及殖民者／被殖民者的種種再現（representations）成為薩依德恆久的興趣以及重複討論的主題。

　　正因為興趣不局限於所謂的「純粹」學術探討，也反對

任何形式的偶像崇拜（不管是學術的或宗教的、政治的），
所以薩依德在第二本專書《開始：意圖與方法》（*Beginnings:
Intention and Method*, 1975）中深入探討「源始」（origin）之不
可能及「開始」的意義，主張沒有神話／神化的、特權的、
單一的「源始」，而是世俗的、人為的、不斷重新檢驗的、
複數的「開始」（頁 xiii），這些「開始」不僅因應不同情境
的需求而產生，而且是「產生意義的第一步。」（頁 5）因
此，他反對任何形式的、獨一無二的權威與崇拜，著重在不
同歷史情境、社會背景、文化環境、政治脈絡下所開展的新
意。在《世界・文本・批評家》中，他更拈出「世俗的批評」
（secular criticism）一詞，強調批判意識的重要，以相對於崇
拜權威、偶像的「宗教式的批評」（religious criticism）。這種
批判意識以及對於「對立」、「對抗」、「對反」、「對位」的
重視，成為其論述的基調。在薩依德心目中，「批評必須把
自己設想成為了提升生命，本質上就反對一切形式的暴政、
宰制、虐待；批評的社會目標是為了促進人類自由而產生的
非強制性的知識。」（頁 29）而知識分子的特色就是批評／
批判，因此他以這句話結束〈世俗的批評〉一文：「從事批
評和維持批判的立場是知識分子生命的重大面向。」（頁 30）

　　強調「對立」、「對抗」、「對反」、「對位」與薩依德身
為美國名校的第三世界知識分子的背景息息相關；而他以

著述批判西方主流社會對於東方的錯誤認知與宰制，並積極
投入巴勒斯坦政治運動，正是這種理念的具體實踐。學理的
興趣與親身的體驗（尤其已入籍美國在大學任教的巴勒斯坦
知識分子的身分），使他特別重視再現的問題。他的中東三
部曲──《東方主義》（1978）、《巴勒斯坦問題》（1979）、
《採訪伊斯蘭》（1981）──深入探討相關問題，這使得他聲
譽鵲起，影響力遠超過學術圈，但也引起很大的爭議。

　　這三本書的主要寫作動機就是批判西方主流的學術及媒
體對於所謂「東方」（主要是中東的伊斯蘭世界）的錯誤呈
現，其中以第一本討論的範圍最為廣泛，第二本落實到巴勒
斯坦的民族自決問題，第三本則討論當代現象，尤其西方媒
體。這些作品的研究範圍廣泛，從1798年（拿破崙入侵埃及）
到當代西方學者、作家、旅行家、媒體記者如何來認知、想
像及建構東方：相對於西方所代表的文明、進步、開化、啟
蒙，東方則是野蠻、落後、未開化、待啟蒙；或者如薩依德
所言：「東方是非理性的、墮落的、幼稚的、『不同的』；因
而西方是理性的、道德的、成熟的、『正常的』」，而且西方
以這種「宰制的架構來**圍堵、再現**東方。」（《東方主義》，
頁40）總之，此處知識與權力密切結合，學術與帝國主義互
為表裡（這裡傅柯的影響明顯可見，但薩依德卻有所轉化），
而西方之於東方便是啟蒙者與待啟蒙者，統治者與被統治

者，簡言之，便是主與奴的關係。這三部作品的主要目的就是分析進而解構西方具有代表性的文學、歷史、人類學等文本以及報章、雜誌、電視等大眾傳播媒體所呈現的東方。

對於薩依德這幾本書的反應很歧異，不少西方人士視薩依德為反西方、仇視西方的急先鋒，但也有不少第三世界（尤其中東）人士以之作為反對西方的論述，把薩依德和反西方主義、提倡部族主義劃上等號。因此，余英時的兩點提醒特別值得中文讀者留意：

> 薩依德的「東方」主要指中東的阿拉伯世界，並不包括中國。……這是中國人引用「東方主義」的說詞時首先必須注意的重要事實。另一應注意之點是薩依德雖然主張中東阿拉伯世界各族群建立自己的文化認同，以抵抗西方帝國主義的文化霸權，但他並不取狹隘的部落觀點。相反地，他認為文化認同絕不等於排斥一切「非我族類」的文化。……總之，今天世界一切文化都是混合體，都雜有異質的、高度分殊的因子，沒有一個文化是單一而純粹的。[2]

---

2 余英時，《歷史人物與文化危機》（台北：東大，1995年），頁12-13。

薩依德於〈再論東方主義〉（"Orientalism Reconsidered,"
1985）一文中，提到對於《東方主義》的一些批評，並開
宗明義指出該書討論的重要議題包括「其他文化、社會、
歷史的再現，權力與知識的關係，知識分子的角色……」
（頁89）。而在這本書出版十七年後的〈《東方主義》後語〉
（"*Orientalism, an Afterword,*" 1995）一文中，他更津津樂道
該書的影響：「有關非洲學和印度學論述充滿活力的研究，
對於從屬階級歷史（subaltern history）的分析，後殖民人類
學、政治學、藝術史、文學批評、音樂學以及在女性主義和
弱勢論述廣泛的新發展──我很高興《東方主義》經常能使
這一切有所改變。」（頁44）然而，他也不免悻悻然提到，
連漢學研究都受到此書影響（如哈佛大學的史華慈［Benjamin
Schwartz］都有深思、誠懇的回應），但所謂的東方研究卻依
然故我。

在該文中，他也對別人指控他反西方的說法有所辯解，
指出《東方主義》是「反本質論的」（"anti-essentialist"，頁
34），認同其實是建構出來的（頁35-36），反對東西對抗的
刻板印象（頁38），批評東西二分法之不當（頁39），反對
文化純粹論，指出「文化是混雜的、異質的……不同的文
化與文明是彼此相關的、相互依存的」（頁53），因此對於
杭廷頓（Samuel P. Huntington）的文化觀（各文化間彼此對

立）及文明衝突論大加撻伐（頁53）。其實，薩依德在《認同・權威・自由》中已左右開弓，批評美國大學裡西方保守勢力的反撲以及阿拉伯大學裡的政治化傾向，認為是以單一國家／民族認同的落伍觀念宰制了人生的複雜多樣（頁11）。如果單一的認同或身分觀念已有如此大的後遺症，那麼把世界區分為數個對立、衝突的文明的作法當然更值得非議。

我們從杭廷頓的《文明衝突與世界秩序的重建》（*The Clash of Civilizations and the Remaking of World Order*, 1996）一書中可以清楚看出，他將西方與其他（the West and the Rest）對立，把世界主要劃分為基督教、伊斯蘭教和儒教（家）三種文明，強調文明之間的衝突，呼籲歐美（尤其美國）維持各方面的既有優勢甚或既得利益。由這些論調可以看出，即使在資訊發達、跨國經濟與文化密切交流而有「地球村」之稱的今天，歐美世界的若干菁英分子挾數世紀以來積聚的強大優勢，依然以對抗的心態來面對世界其他（相對弱勢的）地區與文明。而身為移民國度（美國）名校（哈佛大學）菁英的杭廷頓，其觀點之簡化與謬誤可從原書封面清楚看出：以十字架代表歐美，星月代表伊斯蘭世界，太極圖代表儒家文化。

前已提及，薩依德的學術發展、認知與理論頗受當代歐

陸理論啟迪，如傅柯對於知識與權力二者關係之探討便是
《東方主義》的重大奧援。然而在引介、運用歐陸理論的同
時，他也有相當的批判，認為它們不夠關注文學／文化與歷
史、社會、政治的相關性，對抗意識不夠強烈，也未能化為
積極的行動。因此，薩依德對於後現代主義的諸多觀點，尤
其是李歐塔（Jean-François Lyotard）等人的論調（如「大敘
事已不復存在」），頗不以為然，而以其心目中提倡自由、
解放、平等、公義的後殖民主義與之抗衡。就此而言，巴
勒斯坦的背景當然扮演了重要角色，使他深切體認到歐美
理論之不足。換言之，面對原先自己協助引入美國學界且
成為主流的歐陸理論，他能夠入乎其內、出乎其外。為了
彌補這方面的欠缺，他乞靈於葛蘭西（Antonio Gramsci）、
法農（Frantz Fanon）、賽沙爾（Aimé Césaire）、詹姆斯（C.
L. R. James）等批評家與實踐者，以進行自己的抗爭。而他
的《東方主義》也和法農、賽沙爾、詹姆斯等人的著作並列
為弱勢論述與後殖民論述的奠基文本。總之，他多年來的作
品，包括自稱為《東方主義》「續篇」的《文化與帝國主義》
（1993），大抵依循這條路線。

　　薩依德在音樂上也頗有造詣（這點得自母親的薰陶），
並自1986年起為《國家》（The Nation）週刊撰寫音樂專欄，
在樂評中帶入文化批判的觀點。1989年5月在加州大學爾灣

校區（University of California, Irvine）發表系列演講時，更當場演奏鋼琴來佐證自己的論點，展現出多才多藝的一面（演講結集出版為《音樂的闡發》［*Musical Elaborations*, 1991]）。另一方面，薩依德特立獨行、勇敢無畏、直言不諱的個性也令人印象深刻，底下只舉幾個例子。早在巴勒斯坦人仍普遍堅決反對承認以色列時，他便主張予以承認並與之和談；但在1993年9月13日巴解組織領袖阿拉法特與以色列簽署奧斯陸協議時，薩依德認為該協議內容有如向以色列投降，漠視巴勒斯坦人的歷史與現況，嚴重損害巴勒斯坦人的權益，因此雖然舉世普遍讚揚該協議，薩依德卻嚴厲批評，並與阿拉法特劃清界線。作家魯西迪因為撰寫《魔鬼詩篇》（1988）觸怒伊朗的革命及宗教領袖柯梅尼而被下達格殺令。薩依德堅持言論自由，公開聲援、撰文支持魯西迪，甚至在開羅和約旦河西岸佔領區的研討會中依然直言不諱。而薩依德本人也因參與政治活動多次遭到死亡恐嚇。他告訴巴薩米安（David Barsamian），「我在半打的中東死亡名單之上。」面對這些死亡恐嚇，他則說：「不要太去想它們。……如果在意那種問題，最糟的情況就是什麼事也做不了……我認為主要的就是堅持不懈，並謹記自己的所言所行遠比生命安危與否來得重要。」（*Pen* 9）證諸他的行為，這些說法絕非浮誇之詞。阿馬德（Eqbal Ahmad）在《筆與劍：薩依德對話錄》

（*The Pen and the Sword: Conversations with David Barsamian*, 1994）的序言中特別提到，有一次在貝魯特露天用餐時，旁邊發生槍戰，眾人都慌忙走避，唯獨薩依德談笑風生，繼續剛剛的話題（頁8）。晚年他罹患血癌（leukemia），雖然多次進出醫院，但只要病情一控制住就依然教學、寫作、演講、旅行、欣賞音樂如故。巴薩米安在訪談結尾問到病情時，薩依德答道：「我試著不太去想未來。人總得繼續下去。……我認為首要之戰在於試著不要把它當作你每個清醒時刻的中心，把它擺在一邊，努力處理手頭上的工作。我覺得有許多要說、要寫的，我只是繼續做著那些。」（頁170）得病之後他的出版腳步反而加快，顯示在面對惡疾時的因應之道：把握生命扮演知識分子的角色，著書立說，發揮影響。1997年8月在首次接受筆者訪談時（訪談全文見附錄一），他提到除了為報章雜誌撰稿外，正在寫三本書：一本回憶錄、一本有關歌劇的書，以及一本討論藝術家晚期風格的書，積極面對生命的態度著實令人敬佩。

其實，貫穿薩依德整個學術與政治活動的，可以說就是知識分子這個議題。長久以來他就對知識分子的議題深表關切，成為作品中反覆出現的主題。在《開始》一書結尾便提到，而《世界·文本·批評家》一書開頭也對所謂的專業知識加以批判，並引用法國哲學家班達（Julien Benda, 1867-

1956）之說（頁2），結尾更期勉現代批評家勿失知識分子的本色（頁292）。他也曾發表專文討論，如〈後殖民世界中的知識分子〉（"Intellectuals in the Post-Colonial World," 1986）和〈第三世界知識分子與都會文化〉（"Third World Intellectuals and Metropolitan Culture," 1990）等，本書更是這些年來切身體驗與深思熟慮的心得。

就本書而言，讀者最感興趣的大概就是薩依德這位身體力行的知識分子對於知識分子的見解。雖然他不鼓勵讀者以自傳的方式來閱讀本書（頁xii，亦見本書頁43），然而他的經驗以及所扮演的角色卻不由得不讓人把這本書當成「現身說法」。換言之，這本書不但是薩依德**談論**知識分子（Said *on* the intellectual），也是薩依德**身為**知識分子（Said *as* an intellectual）；更精確地說，就是來自第三世界的巴勒斯坦、歸化美國並在常春藤名校任教數十載的名學者薩依德，如何藉著英國廣播公司李思系列演講的機緣，把自己對於知識分子的見解透過大眾傳播媒體傳達給英語世界。其中我們可以看到他長年關注的諸多議題，如知識分子的角色、知識與權力的關係、再現的政治與倫理（the politics and ethics of representation）、人文主義的關懷、反對雙重標準、堅持批判立場、強調文本（text）與脈絡（context）的關係等。而薩依德的知識分子觀本身就值得深入探討。

本書原名 "Representations of the Intellectual" 再度顯示了薩依德對於「再現」的重視。"Representation" 一字有許多不同涵義（如修荷和史坦在《反思歐洲中心論：多元文化論與媒體》中便提到宗教的、美學的、政治的、符號的四種再現）。[3] 在本書中 "Representations" 至少具有下列涵義：知識分子為民喉舌，作為公理正義及弱勢者／受迫害者的代表，即使面對艱難險阻也要向大眾表明立場及見解；知識分子的言行舉止也代表／再現了自己的人格、學識與見地（頁xv、11、12、14、113，亦見本書頁46、62-63、64、71、167）。對於許多讀者而言，書中的另一重涵義則是透過這些所代表／再現出的薩依德。由於中譯難以兼顧這些涵義，只得勉力譯為《知識分子論》，取其中譯可能衍生的另一些意思：「知識分子本身的論述」以及「有關知識分子的論述」——就本書而言，更是「知識分子討論知識分子的論述」，而在此代表／再現中，其實更代表／再現了薩依德。對於長期關注知識分子這個議題並實踐個人批判理念的薩依德而言，這是應邀演講當時就這個議題的綜述與反省；而對於曾撰寫〈理論之旅行〉一文，討論理論在旅行、翻譯、移植到另一

---

[3] Ella Shohat and Robert Stam, *Unthinking Eurocentrism: Multiculturalism and the Media* [London and New York: Routledge, 1994]），頁182-83。

脈絡後的境遇的薩依德而言，作品中譯後的得失與轉化應屬
意料中事，而此書在中文世界的「開始」、「旅行」與效應
也值得進一步觀察。

　　「翻譯」除了「跨越邊界」，也是一種代表與再現──
透過另一種語文來展現原文。在將特定文本引入另一種文字
／文化脈絡時勢必涉及許多因素，不但代表／再現了原文的
意義及作者的意圖，也代表／再現了主編、譯者、出版社以
及所譯入的文化情境。本書能以現在的面貌問世，要特別感
謝主編王德威先生和麥田出版公司陳雨航先生、黃秀如小姐
的多方協助與配合，尤其德威兄的鼎力襄助，從協助取得版
權到多次聯絡當時同在哥倫比亞大學任教的薩依德，已遠遠
超過主編的一般職責。為達到充分譯介的效用，除了撰寫緒
論，去年10月本已備妥相關問題擬與薩依德進行訪談，但
因對方忙碌及健康因素而未能實現，轉而徵得同意迻譯1993
年的訪談作為附錄（詳見附錄二）。今年8月譯者特地前往
紐約，經過一些周折總算得以和薩依德進行一個多小時的訪
談，內容除了他的心路歷程、學術發展外，有不少問題環繞
著「知識分子」的主題（詳見附錄一）。此外，為了讓中文
讀者對薩依德的著作有一通盤認識，特地蒐集其全部專書並
撰寫書目提要，在此感謝陳東榮先生和廖炳惠先生在哈佛大
學協助搜尋薩依德較為難覓的著作。為了方便中文讀者，另

亦特別編製索引。中譯力求信實、可讀,在翻譯與校對過程
中多次修訂,加入若干譯註、譯按(為求行文簡潔,按語直
接納入括號中)及相關人士的生卒年,並蒙陳雪美小姐、賴
維菁小姐、強勇傑先生提供許多資料及意見;在翻譯過程
中,李有成先生、何文敬先生、紀元文先生鼓勵有加,謹此
一併申謝。此次經典版重行打字,編輯與校對承蒙黃碧儀小
姐、陳雪美小姐與麥田出版吳惠貞小姐大力協助,特此致
謝。

1997 年 9 月 16 日

2011 年 7 月 30 日修訂

台北南港

知識分子論

序言

　　李思系列演講自 1948 年由羅素（Bertrand Russell, 1872-1970）肇始，其間雖有幾位美國人應邀發表演講，如歐本海默（Robert Oppenheimer, 1904-1967）、加爾布雷思（John Kenneth Galbraith, 1908-2006）、瑟爾（John Searle, 1932-），但在美國還找不到足以等量齊觀的系列演講。[1] 我生長於阿拉伯世界，曾在廣播中聽過一些，印象特別深刻的就是 1950

---

[1] 譯註：李思（John Charles Walsham Reith, 1889-1971）於 1922 年擔任英國廣播公司（British Broadcasting Corporation，簡稱 BBC）總經理，自 1927 至 1938 年擔任董事長，對英國廣播發展貢獻良多；羅素是英國哲學家，分析哲學主要創始人，世界和平運動倡導者，1950 年諾貝爾文學獎得主；歐本海默是美國物理學家，於二次大戰期間為美國負責研發原子彈，後任原子能委員會總顧問委員會主席，因反對試製氫彈被解職；加爾布雷思是美國經濟學家，駐印度大使（1961-1963），主張發展服務業及公共事業；瑟爾是美國分析哲學家。

年湯恩比（Arnold Toynbee, 1889-1975，英國歷史學家）所
發表的系列演講。在當時的阿拉伯世界裡，英國廣播公司是
我們生活中很重要的一部分；甚至現在類似「倫敦今天早晨
表示」的用語在中東地區依然很普遍。使用這類說法時總是
假定「倫敦」說的是真理。對於英國廣播公司的這種看法是
否只是殖民主義的遺緒，我不得而知；但是英國廣播公司
在英國國內外公眾生活中的地位，既不像美國之音（Voice
of America）那樣的政府機構，也不像包括有線電視新聞網
（CNN）在內的美國電視網，則是不爭的事實。原因之一就
是：英國廣播公司所播送的李思系列演講和許多討論會、紀
錄片這類節目，並不像官方核准的節目，而是提供聽眾和觀
眾一些場合，可以廣泛接觸到嚴肅且往往是精采的題材。

　　因此，英國廣播公司的溫德（Anne Winder）提供我發
表1993年李思系列演講的機會時，我備感榮幸。由於時程
安排的問題，無法在慣常的1月時段進行，於是雙方同意改
到6月下旬。然而，幾乎是打從1992年末英國廣播公司宣布
有關此次系列演講的消息之後，就有人批評根本不該邀我主
講，批評的人雖然不多，但反對的聲浪卻持續不斷。有人指
控我積極參與爭取巴勒斯坦人權利的戰爭，因此毫無資格登
上任何嚴肅或尊貴的講壇。這只是一連串明目張膽反知識、
反理性論點的開始；反諷的是，所有這些批評反而支持了

我系列演講的主題：知識分子的公共角色是局外人、「業餘者」、攪擾現狀的人（outsider, "amateur," and disturber of the status quo）。

　　這些批評其實透露出許多英國人對於知識分子的態度。當然新聞從業人員把這些態度歸咎於英國大眾，但是這類批評反覆出現，多少代表了當前社會的一些看法。一位持同情立場的新聞從業人員在評論我的李思系列演講主題是有關知識分子時表示，這是最「不像英國的」東西。一提到「知識分子」這個字眼就讓人想到「象牙塔」、「譏諷」。已故的威廉思（Raymond Williams, 1921-1988，文化研究的主要創始人）在《關鍵字詞》一書中便強調了這種令人沮喪的思考方式：「一直到二十世紀中葉，英文中的**知識分子**（*intellectuals*）、**知識主義**（*intellectualism*）、**知識階層**（*intelligentsia*）主要用於負面，而這種用法顯然依舊持續。」[2]

　　知識分子的重任之一就是努力破除限制人類思想和溝通的刻板印象（stereotypes）和化約式的類別（reductive categories）。在發表這些演講之前，我從來不知道自己遭受到哪些限制。抱怨我的新聞從業人員和評論者經常說，我是

---

2 威廉思，《關鍵字詞：文化與社會詞彙》（*Keywords: A Vocabulary of Culture and Society* [1976; rpt. New York: Oxford University Press, 1985]），頁170。

巴勒斯坦人，而大家都知道，那等於暴力、狂熱、殺害猶太人。他們從未引用我的話，就認定那是眾所周知的事。此外，《週日電訊報》（*The Sunday Telegraph*）大聲疾呼，把我描述成反西方，指控我的作品專把世界——尤其第三世界——的所有罪惡都「怪罪給西方」。

　　他們似乎完全沒有注意到我在一整系列的專書中，包括《東方主義》和《文化與帝國主義》，真正所寫的每一件事（在《文化與帝國主義》中，我犯了一個不可原諒的罪過。我對奧斯汀的長篇小說《曼斯菲爾德莊園》［Jane Austen, 1775-1817, *Mansfield Park*］的讚揚不下於她的其他作品，但在《文化與帝國主義》中卻主張這部作品也和奴隸制度以及英國在西印度群島安提瓜［Antigua］擁有的糖類栽培業有關——當然她特別提到這兩件事。我的論點是：奧斯汀談論英國和英國在海外屬地所發生的事，她的二十世紀讀者和批評家也同樣必須談論這些，然而他們長久以來卻只注意奧斯汀筆下的英國，而排除了英國在海外的屬地）。類似「東方」、「西方」這些虛偽不實的建構，是我多本著作嘗試奮戰的對象，更別提像是受支配的種族（subject races）、東方人、雅利安人、黑人諸如此類的種族主義式的本質（racialist essences）。我非但不鼓勵受殖民主義蹂躪的國家那種受委屈的原始純真之感，反而一再申論類似這些神話式的抽象

說法，以及這些說法所引發的眾多責難的修辭（rhetorics of blame），其實都是謊言；各個文化彼此之間太過混合，其內容和歷史彼此太過依賴、摻雜，無法像外科手術般切割為像是東方和西方這種巨大的、大都為意識形態的對立情況（ideological oppositions）。

即使對於我的李思系列演講的善意批評者——似乎真正認識我的說法的評論者，也認定我對知識分子的社會角色的說法隱含了自傳的訊息。他們問我：路易思（Wyndham Lewis, 1882-1957）、巴克禮（William Buckley, 1925-2008）者流的右翼知識分子如何？[3] 為什麼根據你的說法，每位知識分子都必須是左派？他們沒注意到的是，（也許有些弔詭）我多次仰賴的班達是頗為右派的。[4] 其實，本系列演講卻嘗試把知識分子說成正是在公開表現上既無法預測，又無法逼壓成某些口號、正統的黨派路線或固定教條的那些人物。我嘗試主張：不管個別知識分子的政黨隸屬、國家背景、主要效忠對象為何，都要固守有關人類苦難和迫害的真理標準。扭曲知識分子公開表現的莫過於修飾整扮，噤若寒蟬，愛國情

---

[3] 譯註：路易思是英國畫家、作家和文藝評論家，創立漩渦畫派；巴克禮是美國編輯和作家，是美國1950、1960年代最著名的保守人士之一。

[4] 譯註：班達是法國評論家和小說家，是反浪漫主義運動的領導者，並指控讓政治考量來扭曲知識判斷是道德背叛。路易思便受其影響。

緒以及事後自圓其說的變節。

　　嘗試固守普遍、單一的標準，這個主題在我對知識分子的說法中扮演重要角色。更正確的說法也許是：我的主題是普遍（universality）與在地（the local）、主觀、此時此地之間的互動。在我寫出講稿之後，柯里（John Carey）的《知識分子與群眾：文學知識階層中的傲慢與偏見，1880-1939》一書在美國問世，[5] 這本書很有趣，而且我發現其大致悲觀的研究發現與我的論點互補。根據柯里的研究，英國的知識分子，像是吉辛（George Gissing, 1857-1903，英國小說家）、威爾思（H. G. Wells, 1866-1946，英國科幻小說家）、路易思，厭惡近代群眾社會的興起，哀嘆諸如「一般人」、郊野習俗、中產階級品味這類事情；相反地，他們提倡一種自然的貴族氣質、「較好的」往日時光、高級文化。對我而言，知識分子訴求的（而不是叱責的）大眾應該盡可能寬廣，因為大眾是知識分子自然的訴求對象。知識分子的問題，與其像柯里所討論的是整個群眾社會，不如說是局內人、專家、小圈子、專業人士。根據權威的李普曼（Walter Lippmann, 1889-1974，美國新聞評論家及政治專欄作家）本世紀早先

---

5 柯里，《知識分子與群眾：文學知識階層中的傲慢與偏見，1880-1939》（*The Intellectuals and the Masses: Pride and Prejudice Among the Literary Intelligentsia 1880-1939* [New York: St. Martin's Press, 1993]）。

所定義的模式，這些人塑造輿論、使之順服、鼓勵依賴一小撮高高在上、全知的掌權者。局內人促進特殊的利益，但知識分子應該質疑愛國的國家主義，集體的思考，以及階級的、種族的或性別的特權意識。

「普遍」意味著冒險以超越因既定的背景、語言、國籍所形成的簡易定論，因為這些經常阻隔我們於他人的現實之外；它也意味著在外交和社會政策這類事務，尋找並嘗試支持人類行為的單一標準。因此，如果我們譴責敵人無故侵略之舉，那麼當我們的政府入侵更弱的一方時，同樣應予譴責。知識分子沒有定則可以知道該說什麼或做什麼；對於真正世俗的知識分子（the true secular intellectual）而言，也沒有任何神祇可以崇拜並給予堅定不變的指引。

在這種情況下，社會領域不只歧異多樣，而且很難協商。因此蓋爾納（Ernest Gellner）在〈知識分子背叛之背叛〉一文中譴責班達那種不加批判的柏拉圖主義，該文結尾指出：「我**這裡**所說的是，知識分子的工作情況要我們相信極為簡化的模式；與這種模式相比，**不表態**的重任〔知識分子的背叛〕遠為困難。」[6]蓋爾納這種說法讓我們不知所措，

---

6 蓋爾納，〈知識分子背叛之背叛〉（“La trahison de la trahison des clercs”），
　文收《知識分子的政治責任》（*The Political Responsibility of Intellectuals*, eds.
　Ian Maclean, Alan Montefiore and Peter Winch [Cambridge: Cambridge

既不如班達那麼清晰明瞭，也不如他所批評的沙特（Jean-Paul Sartre, 1905-1980，法國存在主義哲學家、作家）那麼勇敢，甚至不如宣稱追隨粗糙的教條的人那麼有用。蓋爾納這種空泛的警示，很像詹森（Paul Johnson）對於所有知識分子的惡言以及無望地憤世嫉俗的攻擊（「隨便在街頭挑十個人，他們對於道德和政治事務所能提供的合理見解，至少不亞於知識階層的代表性人物」[7]），導致如下的結論：沒有知識分子這一行業，而這種欠缺值得慶祝。

我不同意這種看法，不只因為我們可以對那個行業提出一致的描述，而且因為與往昔相比，當今世界更充滿了專業人士、專家、顧問，總之，更充滿了**知識分子**，而這些人的主要角色就是以其心力提供權威，同時獲取鉅利。知識分子面對一套具體的選擇，我在演講中所要刻畫的正是這些。首先當然就是這個觀念：所有知識分子都對他們的閱聽大眾代表了某事，而在這麼做時也向自己代表了自己。不管是學院人士、波西米亞式的撰文者，或國防部的顧問，都根據自認的觀念或代表來行事；認為自己是為了報酬而提供「客觀的」意見？或者相信自己教給學生的具有真理的價值？或者

University Press, 1990]），頁27。

[7] 詹森，《知識分子》（*Intellectuals* [London: Weidenfeld and Nicolson, 1988]），頁342。

認為自己倡導的是怪異卻前後一貫的觀點？

　　我們都身處社會，都是國家的成員，具有一己的語言、傳統、歷史情境。知識分子服膺這些事實情況的程度如何？敵對的程度又如何？知識分子與體制（學院、教會、職業工會）以及世俗權勢的關係亦復如此。在我們的時代，這些組織收編知識分子的情況已經到了異乎尋常的程度。結果就像歐文（Wilfred Owen, 1893-1918）所說的：「律法學者推擠所有的人／大喊效忠國家。」[8]因此，在我看來知識分子的主要責任就是從這些壓力中尋求相當的獨立。因而我把知識分子刻畫成流亡者和邊緣人（exile and marginal），業餘者，對權勢說真話的人。

　　實際發表李思系列演講的優點及困難之一就是受限於三十分鐘的嚴格廣播形式：一週一講，連續六週。但是，你的確是直接向一大群活生生的聽眾說話，比知識分子和學院人士平常演講的對象多得多。而且這個複雜、可以無窮無盡的主題，對我有個額外的負擔：要盡可能準確、易懂、精簡。在準備出版這些講稿時，我大致維持原狀，只是偶爾加個參考資料或例證，以便更能保存原本的臨場感和必須的簡潔，

---

8 譯註：歐文是英國詩人，作品表現對於殘酷戰爭的憤怒和對戰爭犧牲者的哀憐，陣亡於第一次世界大戰停戰前夕。

文中並沒有真正的機會竄改或以其他方式淡化、修訂我的主要論點。

因此，一方面我沒有添加什麼會改變這裡所提出的觀念，另一方面希望這篇序言多少能提供一些背景。在強調知識分子的局外人角色時，我心目中所想的是：社會權威漫天蓋地而來的強有力網絡——媒體、政府、集團等等——擠壓、排除了達成任何改變的機會，使得個人在面對這種情況時經常感受到沉重的無力感。執意**不隸屬**於這些權威，在許多方面是無法促成直接改變的，而且可悲的是，甚至經常被貶抑到目擊者（witness）的角色，來見證這些恐怖，否則就無人記錄。戴禮（Peter Dailey）晚近的文章很生動地記述了具有天賦的非裔美國散文家、小說家包德溫（James Baldwin, 1924-1987），特別彰顯了這種身為「目擊者」的處境——其中的所有悲情和難以言宣的說服力。[9]

然而，無疑地類似包德溫和麥爾坎‧X（Malcolm X, 1925-1965，美國黑人領袖）這類人物所定義的工作，最影響到我自己對於知識分子意識的表現。吸引我的就是一種反對的精神（a spirit in opposition），而不是調適（accommodation）

---

[9] 戴禮，〈吉米〉（"Jimmy"），文刊《美國學人》（*The American Scholar* [Winter 1994]），頁102-10。

的精神，因為知識分子生活的浪漫、興趣及挑戰存在於對現
況提出異議，面對為乏人代表的弱勢團體奮鬥的不公平處
境。我在巴勒斯坦政治中的背景進一步強化了這種意識。西
方和阿拉伯世界的貧富差距日益擴大，而為掌權的知識分
子帶來了一種沾沾自喜、無視於他物的情況，委實令人心
驚。福山「歷史的終結」的主張（Francis Fukuyama, the "end
of history" thesis）和李歐塔「大敘事的消失」的說法（the
"disappearance" of the "grand narratives"）風靡一時，但幾年
後還有什麼比這些更不吸引人、更不真實的呢？[10]同樣的情
況也適用於那些頑冥不化的實用主義者和現實主義者，這些
人編造出世界新秩序（New World Order）或「文明的衝突」
（"the clash of civilizations"）之類荒誕不經的虛構。[11]

---

[10] 譯註：福山（1955-）為日裔美籍學者，其《歷史之終結與最後一人》
（*The End of History and the Last Man*）一書有中譯本（李永熾譯；台北：
時報文化，1993年）；李歐塔是法國哲學家、後現代理論家，其《後
現代狀況：有關知識之研究報告》（*The Postmodern Condition: A Report on
Knowledge*）一書中譯收錄於《什麼是後現代主義》（羅青編譯；台北：
學生書局，1989年），頁133-301。

[11] 譯註：「世界新秩序」是美國前總統布希（George H. W. Bush, 1924-）於
1991年波灣戰爭（Gulf War）後提出的國際政治主張；「文明的衝突」則
是美國政治學家杭廷頓於1993年挪用路易士（Bernard Lewis）的論點，
原文刊於1993年夏季號《外交事務》（*Foreign Affairs*），主張將來可能產
生三大文明（基督教世界、伊斯蘭世界、儒家社會）之間的衝突，該文
中譯及相關討論參閱《二十一世紀》（1993年10月號及12月號）。杭廷

　　我不希望遭到誤解。知識分子不必是沒有幽默感的抱怨者。對於喬姆斯基和維德（Gore Vidal, 1925-，美國作家）這類受人推崇且活力洋溢的異議分子，上述說法大謬不然。無權無勢的個人見證事物的悲慘狀態，絕不是一種單調、乏味的活動。這包含了傅柯所謂的「不屈不撓的博學」（"a relentless erudition"），搜尋另類的材料，發掘埋藏的文件，喚回已被遺忘（或放棄）的各類歷史。這包含了一種戲劇感和起義感。善用一己罕有的發言機會，博取觀者的注意，比對手更具有才智、更善於辯論。既沒有職位要守護，也沒有地盤要鞏固、防衛的知識分子，具有某種根本上更令人不安的特質；因此，自我嘲諷（self-irony）多過於自吹自擂，直言坦率多過於吞吞吐吐。然而，不容迴避的則是無可逃避的現實：知識分子的這種代表既不會使他們成為權貴的朋友，也不會為他們贏得官方的榮銜。這的的確確是一種寂寞的處境，卻總是優於集體容忍事物的現況。

　　在此謹向英國廣播公司的溫德及其助理佛歌生（Sarah Ferguson）致謝。溫德女士身為此一系列演講的製作人，全

頓之《文明衝突與世界秩序的重建》一書有中譯本（黃裕美譯；台北：聯經，1997年）。

程機敏、睿智地引導我。若有任何缺失當然由我個人負全責。柯蒂（Frances Coady）以精巧明智的手法編輯文稿，本人至表感謝。紐約萬神殿圖書公司（Pantheon Books）的溫格（Shelley Wanger）協助編輯全稿，我在此表示謝意。我並要感謝好友《瑞理坦評論》的編輯波瓦里耶（Richard Poirier, *Raritan Review*）和《大街》的編輯史坦（Jean Stein, *Grand Street*）對於這些講稿的興趣，並摘錄發表。許多優秀的知識分子和好友的例證一直啟迪、激勵本書的實質內容，在此不一一列舉，以免他們尷尬並引人側目，然而有些名字則出現在講稿本身，謹此向他們致敬，並感謝他們的休戚與共及教導。在準備這些講稿的各個階段承蒙伊士坦巴蒂博士（Zaineb Istrabadi）大力協助，在此表示謝意。

薩依德

紐約

1994 年 2 月

第一章

知識分子的代表

　　知識分子究竟為數眾多，或只是一群極少數的菁英？二十世紀對於知識分子最著名的兩個描述，就這一點基本上是對立的。第一個描述來自葛蘭西。葛蘭西是義大利的馬克思主義者、行動派、新聞從業人員、傑出的政治哲學家，於1926至1937年間被墨索里尼（Benito Mussolini, 1883-1945）下獄囚禁。他在《獄中札記》寫道：「因此我們可以說所有的人都是知識分子，但並不是所有的人在社會中都具有知識分子的作用。」[1]葛蘭西自己的生涯就示範了他所認定的知識

---

[1] 葛蘭西，《獄中札記》（*The Prison Notebooks: Selections*, trans. Quintin Hoare and Geoffrey Nowell-Smith [New York: International Publishers, 1971]），頁9。

分子的角色：他接受過歷史語言學的專業訓練，既是義大利勞工運動的組織者，而且在自己從事的新聞業中也是最具反省意識的社會分析家，他的目標不只要造成社會運動，而且要塑造與此運動相關的整個文化形成（cultural formation）。

　　葛蘭西試著顯示，在社會中履行知識分子作用的人可以分為兩類：第一類是傳統的知識分子（traditional intellectuals），例如老師、教士、行政官吏，這類人代代從事相同的工作，第二類是有機的知識分子（organic intellectuals），在葛蘭西眼中，這類人與階級或企業直接相關，而這些階級或企業運用知識分子來組織利益，贏得更多的權力，獲取更多的控制。因此，葛蘭西對於有機的知識分子有如下的說法：「資本主義的企業主在創造自己的同時，也創造出了工業技術人員、政治經濟專家、新文化的組織者、新法律系統的組織者等等。」[2]今天的廣告或公關專家，設計各種技術來為某家清潔劑公司或航空公司贏取更多的市場，根據葛蘭西的說法，這些人可以被視為有機的知識分子，因為他們在民主社會中試著獲取潛在顧客的首肯、贏得贊同、引導消費者或選民的意見。葛蘭西相信有機的知識分子主動參與社會，也就是說，他們一直努力去改變眾人的心意、拓展市場；老師和教

---

[2] 前引書，頁4。

士似乎多多少少停留原處，年復一年從事同樣的工作，而有機的知識分子則一直在行動、在創造。

　　另一個極端則是班達對於知識分子著名的定義：知識分子是一小群才智出眾、道德高超的哲學家—國王（philosopher-kings），他們構成人類的良心。班達流傳後世的論著《知識分子之背叛》（*La trahison des clercs*）與其說是有系統地分析知識分子的生活，不如說是猛烈抨擊放棄了召喚、妥協了原則的知識分子，然而他的確提到了少數人名以及他認為是真正的知識分子的主要特質。他經常提到蘇格拉底（Socrates, 469-399 B.C.）和耶穌（Jesus Christ, 4 B.C.-30 A.D.），較近的典範則是史賓諾莎（Benedict de Spinoza, 1632-1677）、伏爾泰（Jean François Arouet Voltaire, 1694-1778）、勒南（Ernest Renan, 1823-1892）。[3]真正的知識分子形成了一個知識階層（clerisy），的確是稀有罕見之人，因為他們支持、維護的正是**不**屬於這個世界的真理與正義的永恆標準。因此，班達對這些人用上了宗教術語——神職人員（clerics），其地位和表現的突出一直與世俗之人形成對比，因為凡夫俗子感興趣的是物質的利益，個人的晉升，而且可能的話，與世俗的權勢

---

[3] 譯註：史賓諾莎是荷蘭哲學家，唯理論的代表之一；伏爾泰是法國啟蒙思想家、作家、哲學家；勒南是法國哲學家、歷史學家，以歷史觀點研究宗教。

保持密切關係。他說，真正的知識分子「他們的活動本質上
不是追求實用的目的，而是在藝術、科學或形而上的思索中
尋求樂趣，簡言之，就是樂於尋求擁有非物質方面的利益，
因此以某種方式說：『我的國度不屬於這世界』」。（譯按：
語出《新約聖經‧約翰福音》十八章三十六節）[4]

　　然而，班達所舉的例子顯示他並不支持這種觀念：完全
抽離的、超乎世俗的、象牙塔裡的思想家，極為孤立並獻身
於深奧、甚至可能是玄奧的題材。真正的知識分子在受到形
而上的熱情以及正義、真理的超然無私的原則感召時，叱責
腐敗、保衛弱者、反抗不完美或壓迫的權威，這才是他們的
本色。他說：「需要我舉出費內隆（François de Salignac de la
Mothe Fénelon, 1651-1715）和馬悉隆（Jean-Baptiste Massillon,
1663-1742）如何叱責路易十四的某些戰爭的事例嗎？[5]伏爾
泰如何譴責巴列丁奈特（the Palatinate，德國萊茵河西岸一
地區，昔為德意志帝國內之一國）的毀滅？勒南如何叱責拿
破崙的暴力？巴克爾（Henry Thomas Buckle, 1821-1862，英

---

[4] 班達，《知識分子之背叛》（*The Treason of the Intellectuals*, trans. Richard
　Aldington [1928; rpt. New York: Norton, 1969]），頁43。

[5] 譯註：費內隆是法國天主教大主教、作家、教育家，主張限制王權、教
　會脫離政府控制，為法王及教皇所貶斥；馬悉隆是法國主教，他常被
　引用的名言就是在法王路易十四葬禮演講的開場白：「只有上帝是偉大
　的。」（"Dieu seul est grand."）

國歷史學家）如何叱責英國對於法國革命的不容忍？以及在我們的時代，尼采（Friedrich Wilhelm Nietzsche, 1844-1900）如何叱責日耳曼對於法蘭西的殘暴？」[6]根據班達的看法，當今處境之難處，在於他們已經把自己的道德權威讓給了他所謂的「集體激情的組織」（"the organization of collective passions"）這個具有先見之明的詞彙，這個詞彙的內容包括了宗派觀念、群眾情緒、民族主義的好勇鬥狠、階級利益等。班達寫作的年代是1927年，遠在大眾媒體時代之前，但是他意識到，對政府而言，把那些知識分子充作僕役是多麼重要的事：把知識分子召來不是為了領導大眾，而是為了鞏固政府的政策，發布文宣來打擊官方的敵人，甘言美語，而且擴而言之，類似歐威爾式的新語（Orwellian Newspeak）那樣的種種體系，[7]以體制的「權宜措施」或「國家榮譽」之名來裝扮真相。

班達對於知識分子背叛的悲嘆，其力量不是來自他論辯的精微細緻，也不是來自他那難以實行的絕對主義——他對於知識分子的使命有著毫不妥協的看法。根據班達的定義，

---

6 班達，前引書，頁52。

7 譯註：源出歐威爾所著小說《一九八四》（George Orwell [1903-1950], *Nineteen Eighty-Four*），描寫大洋國為統治方便，創造了一些新詞彙，如思想犯罪（thoughtcrime）、雙重思想（doublethink）等。

真正的知識分子應該甘冒被燒死、放逐、釘死在十字架上的危險。他們是具有象徵性的人物，其特徵在於堅決遠離現實的關注。像這樣的人數量必然不多，也無法以例行的方式培育出來。他們必須是具有堅強人格的徹徹底底的個人，尤其必須是處於幾乎永遠反對現狀的狀態：基於上述種種理由，班達的知識分子不可避免地是一群少數、耀眼的人——他從未把女性算在內——這些人由高處向芸芸眾生發出洪亮的聲音和無禮的叱責。班達從未暗示這些人是如何知道真理的，也未說明他們對於永恆原則的炫目見解是否可能像堂吉訶德（Don Quixote）的見識一般，充其量不過是私人的幻想。

　　但是至少我心中毫不懷疑班達大致構思出之真正知識分子的形象依然具有吸引力及信服力。他的許多正、反面的例證都具說服力：例如，伏爾泰為卡拉家族（the Calas family）公開辯護，或者——相反的一端——像巴雷斯（Maurice Barrès, 1862-1923）這類法國作家駭人聽聞的民族主義，班達認為這類作家以法國國家榮譽之名，遂行一種「粗暴、輕蔑的浪漫主義」。[8] 班達在精神上受到德雷福斯事件（Dreyfus

---

[8] 1762年，一位新教徒商人（Jean Calas of Toulouse）因為被懷疑謀殺即將改信天主教的兒子而遭到審判，然後處決。此案的證據薄弱，然而造成倉卒判決的則是當時廣為流行的信念：新教徒是狂熱分子，對於要改變宗教信仰的任何其他新教徒乾脆除之而後快。伏爾泰發起一項運動，成

Affair）和第一次世界大戰的塑造，這兩個事件對於知識分子都是嚴格的考驗；知識分子可以不是選擇勇於發言反對反猶太人的軍法不公和民族主義的狂熱，就是如羔羊般順服群眾，拒絕為受到不公平判刑的猶太裔軍官德雷福斯辯護，口中誦唱著侵略主義的口號，以激起反對所有德國事物的戰爭狂熱。第二次世界大戰後，班達重新出版他的書，這次增加了一連串對於知識分子的攻擊，這些知識分子是和納粹合作的人以及熱情擁抱而不批判共產黨的人。[9]班達的作品基本上很保守，但在他戰鬥性的修辭深處卻找到這種知識分子的形象：特立獨行的人，能向權勢說真話的人，耿直、雄辯、極為勇敢及憤怒的個人，對他而言，沒有什麼世間權勢是龐大、壯觀到不可以批評、直截了當地責難的。

　　葛蘭西把知識分子視為符合社會中一套特殊作用的人，這種社會分析遠較班達的觀點接近現實，尤其在二十世紀末

功地恢復了卡拉家族的名譽（但是我們現在知道他也捏造了證據）。巴雷斯強烈反對德雷福斯（Alfred Dreyfus, 1859-1935［譯按：猶太裔法國軍官，1894年被軍事法庭以叛國罪判處終身監禁，掀起軒然大波，經重審後於1906年平反］）。這位典型的法西斯主義者、反智的十九世紀末、二十世紀初的法國小說家，倡議一種政治無意識的觀念（a notion of the political unconscious），主張整個種族和國家會集體地具有觀念和傾向。

[9]《知識分子之背叛》於1946年由巴黎的格拉賽（Bernard Grasset）出版社重新出版。

期，許多新興行業印證了葛蘭西的見識——廣播員、學院專
業人士、電腦分析師、運動和媒體律師、業務顧問、政策專
家、政府顧問、特殊市場報告的作者，以及近代大眾新聞業
這一行本身。

今天，在與知識生產或分配相關的任何領域工作的每個
人，都是葛蘭西所定義的知識分子。在大多數工業化的西方
社會裡，所謂的知識產業（knowledge industries）以及與實
際生產相關的產業，二者之間的比例朝著知識產業的方向
激增。美國社會學家古德諾（Alvin W. Gouldner）幾年前就
說，知識分子是新階級，而掌理知識者現在很多已經取代
了舊式的有產階級。但古德諾也說，知識分子隨著地位的
晉升，也不再是向廣大公眾發言的人了；相反地，他們成
為他所謂的批評論述文化（culture of critical discourse）的成
員。[10]每位知識分子、書籍的編輯和作者、軍事戰略家和國
際律師，所說、所用的語言都變成專業的，可為相同領域的
其他成員所使用，而專家與專家之間的共通語言是非專業人
士大都難以理解的。

同樣地，法國哲學家傅柯說，所謂普遍的知識分子
（universal intellectual）——他心裡想的也許是沙特——他們

---

10 古德諾，《知識分子的未來與新階級的興起》（*The Future of Intellectuals and
the Rise of the New Class* [New York: Seabury Press, 1979]），頁28-43。

的地位已經被「特殊的」知識分子（"specific" intellectual）所取代，[11] 這些特殊的知識分子在一個行業中工作，但能以任何方式運用他們的專長。這裡，傅柯特別想到的就是美國物理學家歐本海默；歐本海默在 1942 至 1945 年主持洛斯・阿拉莫斯（Los Alamos）原子彈計畫時，離開了他的專業領域，後來成為美國科學事務中類似政委的角色。

知識分子的衍生甚至擴大到許多領域，在這些領域中知識分子已經成為被研究的對象。這些主張也許跟隨葛蘭西《獄中札記》率先提出的看法，幾乎是首次把知識分子，而不是社會階級，視為在近代社會運作中佔有樞紐的地位。只要把「的」字和「與」字加在「知識分子」一詞之旁，幾乎立刻就在我們眼前出現連篇累牘有關知識分子的研究，不但範圍驚人，而且研究深入。現成可用的有數以千計有關知識分子的不同歷史和社會學，以及有關知識分子與國族主義、權力、傳統、革命等等無窮無盡的研究。世界各地都有其知識分子，而那些形成中的每一個都被熱烈地辯論、爭議。近代史中的主要革命，知識分子無役不與；同樣地，主要的反革命運動，知識分子也是無役不與。知識分子一直是運動的

---

11 傅柯，《權力／知識：訪問錄與其他寫作選集，1972-1977》（*Power/ Knowledge: Selected Interviews and Other Writings 1972-1977*, ed. Colin Gordon [New York: Pantheon, 1980]），頁 127-28。

父母，當然也是子女，甚至私生子女等等。

　　這裡存在著一個危險：知識分子的風姿或形象可能消失於一大堆細枝末節中，而淪為只是社會趨勢中的另一個專業人士或人物。我在這一系列演講中的論點所視為理所當然的，就是原先葛蘭西所主張而在二十世紀末成為現實的情況，但我也堅決主張知識分子是社會中具有特定公共角色的個人，不能只化約為面孔模糊的專業人士，只從事自己那一行的能幹成員。我認為，對我來說中心的事實是，知識分子是具有能力「向」（to）公眾以及「為」（for）公眾來代表、具現、表明訊息、觀點、態度、哲學或意見的個人。而且這個角色也有尖銳的一面，在扮演這個角色時，必須意識到其處境就是公開提出令人尷尬的問題，對抗（而非產生）正統與教條，不能輕易被政府或集團收編，其存在的理由就是代表所有那些慣常被遺忘或棄置不顧的人們和議題。知識分子這麼做時，根據的是普遍的原則：在涉及自由和正義時，全人類都有權期望從世間權勢或國家中獲得正當的行為標準；必須勇敢地指證、對抗任何有意或無意違犯這些標準的行為。

　　讓我以自己為例來說明這一點：身為知識分子，我在觀眾或訴求對象之前提出我的關切，但這並不只關係著我如何發表它們，也關係著自己作為嘗試促進自由、正義的理念的

人士所代表的。我把這些形諸言詞或筆墨，是因為經過深自省思後這些是我所相信的，而且我也要說服別人接受這個觀點。因此，這裡就出現了個人世界與公共世界之間很複雜的混合——一方面是來自我的經驗的個人的歷史、價值、寫作、立場，另一方面是這些如何進入社交世界，人們在其中辯論、決定有關戰爭、自由、正義的事。一己的知識分子（a private intellectual）是不存在的，因為一旦形諸文字並且發表，就已經進入了公共世界。**只是**公共的知識分子——個人只是作為某個理念、運動或立場的傀儡、發言人或象徵——也是不存在的。總是存在著個人的變化和一己的感性，而這些使得知識分子所說或所寫的具有意義。最不應該的就是知識分子討好閱聽大眾；總括來說，就在於形成尷尬、對立，甚至不愉快。

　　總之，重要的是知識分子作為代表性的人物：明目張膽地代表某種立場，不畏各種艱難險阻向他的公眾明白代表。我的論點是：知識分子是以代表藝術（the art of representing）為業的個人，不管那是演說、寫作、教學或上電視。而那個行業之重要在於那是大眾認可的，而且涉及奉獻與冒險，勇敢與可能受到傷害。我在閱讀沙特或羅素的作品時，他們特殊的、個人的聲音和風範讓我留下的印象遠超過他們的論點，因為他們為自己的信念而發言，不可能把他們誤認為籍

籍無名的公務員或小心翼翼的官僚。

在有關知識分子汗牛充棟的研究中，定義知識分子的不勝枚舉，但對於他們的形象、特徵、實際的介入和表現的評量卻不足，而這些結合起來構成每位真正的知識分子的命脈。柏林（Isaiah Berlin, 1909-1997）對於十九世紀的俄國作家曾有如下說法：他們的讀者部分受到德國浪漫主義的影響，「意識到作家是站在公共的舞台上作證」。[12] 就我看來，那種氣質多少依然關係著近代知識分子的公共角色。那也就是為什麼當我們憶起像沙特這樣的知識分子時，記得的是個人的風格，甘冒重大的風險，以全然的努力、冒險、意志來討論殖民主義、獻身、社會衝突；這些說法激怒他的對手，鼓舞他的朋友，甚至事後回想起來也許會讓自己覺得尷尬。我們讀到他與波娃（Simone de Beauvoir, 1908-1986）的複雜關係，與卡繆（Albert Camus, 1913-1960）的爭論，與惹內（Jean Genet, 1910-1986）值得大書特書的交往時，我們把他放置（situate，這是沙特的用語）在他的環境中；[13] 在這些環

---

12 柏林，《俄國思想家》（*Russian Thinkers*, ed. Henry Hardy and Aileen Kelly [New York: Viking Press, 1978]），頁129。

13 譯註：波娃是法國女權運動者、作家、存在主義的信徒；卡繆是法國小說家、劇作家，評論家，1957年諾貝爾文學獎得主；惹內是法國作家、荒謬派戲劇家。

境中——就某個程度而言，正是因為這些環境——使得沙特
成為沙特，而同樣這一個人也反對法國介入阿爾及利亞和越
南。這些複雜的情況非但沒有妨礙或損及沙特作為知識分子
的資格，反而使他所說的話有血有肉、具有張力，顯露出他
是一個會犯錯的人，而不是令人乏味、說教的牧師。

我們若把近代的公共生活視為長篇小說或戲劇，而不是
商業或社會學專著的素材，就最可能看出並了解知識分子如
何成為代表——不只是代表某種祕密的或巨大的社會運動，
而是代表他們獨有的怪異、甚至暴戾的人生風格和社會表
現。某些傑出的十九世紀和二十世紀初期的長篇小說——屠
格涅夫的《父與子》（Ivan Sergeyevich Turgenev ［1818-1883］,
Fathers and Sons）、福樓拜的《情感教育》（Gustave Flaubert
［1821-1880］, *Sentimental Education*）、喬伊斯的《一位年輕藝
術家的畫像》（James Joyce ［1882-1941］, *A Portrait of the Artist
as a Young Man*）——其中所代表的社會現實因一位新角色、
近代的年輕知識分子的突然出現而受到重大影響，甚至造成
決定性的改變。除此之外，我們找不到更早有關那種角色更
好的描述。

屠格涅夫描繪的 1860 年代俄羅斯鄉野是田園式的，平
靜無事：有家業的年輕人繼承父母的生活習慣，結婚，生兒
育女，生活多多少少往前進展。在無政府主義卻又感情強烈

的人物巴扎洛夫（Bazarov）闖進他們的生活之前，一直是如此。我們注意到他的第一件事就是他與父母斷絕關係，而且巴扎洛夫與其說是為人子者，不如說更像是一種自我產生的角色，挑戰慣例，抨擊平凡庸俗、陳腔濫調，肯定表面看來理性、進步的科學的、不感情用事的新價值。屠格涅夫說，他拒絕把巴扎洛夫表現得甜美，而有意讓他「粗鄙，不通人情，冷淡和無禮到殘酷的地步」。巴扎洛夫嘲笑柯沙諾夫（Kirsanov）家族，中年的父親演奏舒伯特時，巴扎洛夫大聲嘲笑。巴扎洛夫提倡德國唯物主義的科學觀念：大自然對他而言不是神殿，而是工作室。他愛戀上賽兒格葉芙娜（Anna Sergeyevna）時，賽兒格葉芙娜一方面被他吸引，但也覺得害怕：巴扎洛夫無拘無束、經常是無法無天的知識分子的能量，對她來說暗示著混亂。她曾說，跟巴扎洛夫在一塊就像蹣跚行走於深淵的邊緣。

這部長篇小說的美麗與悲情在於屠格涅夫暗示並描繪兩者的水火不容：一邊是受制於家庭，愛與孝心的傳承，古老自然的做事方式的俄羅斯；一邊則是像巴扎洛夫這樣虛無主義的破壞力，他的生平不同於這部小說中的每個角色，似乎無法敘述。他突兀地出現，挑戰，卻被他所治療的生病農夫感染，而又突兀地死亡。我們所記得的巴扎洛夫，是他的探索和深切的對抗才智（confrontational intellect）所展現出

的全然堅持的力量；雖然屠格涅夫宣稱他相信巴扎洛夫是自己最同情的角色，但甚至連他都因為巴扎洛夫毫無顧忌的知識分子的力量以及讀者很困惑紊亂的反應而大惑不解，而且多少有些駐足不前。有些讀者認為巴扎洛夫是對於青年的攻擊；有些人稱讚這個角色是真正的英雄；也有人認為他是危險人物。不管我們對於他這個人的感覺如何，《父與子》無法容納巴扎洛夫作為敘事裡的角色；他的朋友柯沙諾夫家族，甚至他悲慘的年邁雙親，都繼續過他們的生活，而身為知識分子的巴扎洛夫的專橫、不馴，使他脫離了這個故事——既不適於這個故事，而且多少不適合被馴化。

　　喬伊斯筆下年輕的戴德勒斯（Stephen Dedalus）的情況甚至更明顯如此。他的整個早年生涯是兩股力量的拉鋸戰：一邊是教會、教書業、愛爾蘭民族主義之類體制的誘惑，一邊是他作為知識分子緩緩出現的頑固的自我，以魔鬼式的**我不效勞**（*non serviam*）為格言。狄恩（Seamus Deane）對於喬伊斯《一位年輕藝術家的畫像》有如下的精采看法：這是「英文中第一部完完全全呈現思索的激情（a passion for thinking）的長篇小說」。[14]狄更斯（Charles Dickens, 1812-

---

14 狄恩，《凱爾特的復興：近代愛爾蘭文學論文集，1880-1980》（*Celtic Revivals: Essays in Modern Irish Literature 1880-1980*〔London: Faber & Faber, 1985〕），頁75-76。

1870）、薩克雷（William Makepeace Thackeray, 1811-1863）、奧斯汀、哈代（Thomas Hardy, 1840-1928），甚至艾略特（George Eliot, 1819-1880）等英國小說家的主人翁都不是這般以社會中的心靈生命（the life of the mind in society）為主要關懷的青年男女，而對年輕的戴德勒斯而言，「思索是體驗世界的一種模式」。在戴德勒斯之前，英文小說裡知識分子這一行只有「古怪的體現」——狄恩的這個說法很正確。但部分因為戴德勒斯是位年輕的鄉野之人、殖民環境的產物，所以必須先發展出一種知識分子的抗拒意識（a resistant intellectual consciousness），才能成為藝術家。

他疏離任何意識形態的規畫，因為這些規畫的效應將會減損他的個性和他經常是很不愉快的人格；在小說結尾時，他對於家庭和芬尼安組織成員（Fenians，1858年前後成立於紐約爭取民族獨立的愛爾蘭反英祕密組織）的批判與疏離，並不亞於對任何意識形態的規畫之批判與疏離。喬伊斯就像屠格涅夫一樣，尖銳地呈現年輕知識分子和生命之流二者之間的水火不容。開始時像個傳統故事：年輕人在家庭中成長，然後上學、就讀大學，後來化為戴德勒斯筆記中一連串簡略的摘記。知識分子不願馴服或適應於乏味的慣常行徑。在這部小說最著名的言論中，戴德勒斯表達了知識分子的自由信條——雖然在表現這個宣言時，喬伊斯用的手法是鬧劇

式的誇張之詞來削弱這位年輕人的自負:「我會告訴你我會做什麼和不會做什麼。我不會服侍我不再相信的東西,不管那是我的家、我的祖國或我的教會:我要盡可能自由地、完整地以某種生命或藝術的模式來表達自我,用我容許自己使用的僅有的武器——沉默、放逐、狡詐——來自我防衛。」

甚至在《尤利西斯》(*Ulysses*)中,我們所看到的戴德勒斯都只是個倔強、矛盾的年輕人。他的信條中最驚人的就是肯定知識分子的自由。這在知識分子的表現上是件大事,因為以小氣鬼和專掃人興的人作為目標並不足為訓。知識分子活動的目的是為了增進人類的自由和知識。儘管當代法國哲學家李歐塔一再聲稱,與先前的「近代」相關的「解放與啟蒙的大敘事」("grand narratives of emancipation and enlightenment")這類雄心壯志在後現代的時代裡已不再通行,但我相信上述對於知識分子的看法依然成立。根據後現代的看法,大敘事被在地的情境(local situations)和語言遊戲(language games)所取代:後現代的知識分子現在看重的是能力(competence),而不是像真理或自由這類的普遍價值。我一直認為李歐塔和他的追隨者是在承認自己的怠惰無能,甚至可能是冷漠,而不是正確評估即使在後現代主義的情況下,知識分子依然有著許許多多的機會。因為,事實上政府依然明目張膽地欺壓人民,嚴重的審判不公依然發生,

權勢對於知識分子的收編與納入依然有效地將他們消音,而知識分子偏離行規的情形依然屢見不鮮。

　　在《情感教育》中,福樓拜比任何人都表達出對於知識分子更大的失望,因而提出更無情的批判。福樓拜的長篇小說背景是在1848至1851年動盪不安的巴黎,著名的英國歷史學家納米爾(Lewis Namier, 1888-1960)把這個時代描述成知識分子的革命。小說中呈現的是「十九世紀首都」中波西米亞式的生活和政治生活的廣泛全景。小說的中心人物是兩個年輕的外地人摩羅(Frédéric Moreau)和德思拉利爾(Charles Deslauriers),這兩位花花公子的行徑表現出福樓拜對他們的憤怒:憤怒於他們不能維持知識分子的常軌。福樓拜對他們的許多叱責也許來自對他們應有的作為期望過高。結果是對隨波逐流的知識分子最精采的再現。這兩個年輕人開始時以公眾福祉為目標,有可能成為法學家、批評家、歷史學家、作家、哲學家、社會理論家。然而,摩羅的下場是「知識分子的雄心壯志消沉。歲月流逝,他忍受心靈的怠惰和情感的遲鈍」。德思拉利爾則成為「阿爾及利亞的殖民官吏、高級官員的祕書、報社經理、廣告代理商⋯⋯目前受雇擔任一家產業公司的律師」。

　　1848年的失敗對福樓拜而言是他那一代的失敗。作家似乎有先見之明,把摩羅和德思拉利爾的命運描繪成因為個人

意志不能集中，以及近代社會需索的代價──近代社會中有無窮無盡讓人分心的事，紛至沓來的各式享樂，尤其是新聞業、廣告的出現，使人一夕成名，又有著不斷流通的場所，在這個場所中所有觀念都可以行銷，所有價值都可以改變，所有職業都被貶為追求急功近利。因此，小說的主要場景以象徵的方式環繞著賽馬，在咖啡館和妓院跳舞，暴動，遊行，公共集會，摩羅無休無止地試圖在其中獲得愛情和知識的成就，卻又都不斷被引開以致無法達成。

　　巴扎洛夫、戴德勒斯和摩羅當然是極端，但他們的確達到了作用，這是十九世紀全景式的寫實主義長篇小說（panoramic realistic noveles）獨特之處，為我們展示行動中的知識分子被許多艱難和誘惑包圍，不是堅持就是背叛了對他們的召喚，故事中呈現的不是從技術手冊裡可以一勞永逸就學得的固定職責，而是一直遭受近代人生威脅的具體經驗。知識分子的代表，他們向社會宣揚的理念或觀念，並不意味主要為了強化自我或頌揚地位，亦非有意服侍有力的官僚機構和慷慨的雇主。知識分子的代表是在**行動本身**，依賴的是一種意識，一種懷疑、投注、不斷獻身於理性探究和道德判斷的意識；而這使得個人記錄在案並無所遁形。知道如何善用語言，知道何時以語言介入，是知識分子行動的兩個必要特色。

　　但是，今天的知識分子代表什麼？我認為這個問題最佳、最誠實的答案之一來自美國社會學家米爾思（C. Wright Mills）。米爾思是位特立獨行的知識分子，具有熱切的社會遠見及傑出的溝通能力，能以直截了當、扣人心弦的散文傳達自己的觀念。1944年他寫道，獨立的知識分子不是面對處於邊緣地位沮喪的無力感，就是選擇加入體制、集團或政府的行列，成為相當少數的圈內人，這些圈內人不負責任、自行其是地做重要的決定。成為資訊工業「雇用的」人員也不是解決之道，因為以這種方式不可能建立起像美國革命時期作家潘恩（Thomas Paine, 1737-1809）和他的讀者那樣的關係。總之，知識分子的流通在於「有效溝通的方式」，而這在當前的情況下卻被剝奪了，使得獨立的思想家只剩下一個主要的職責。米爾思的說法如下：

　　　只有少數人依然有足夠能力抗拒、打擊刻板印象和真
　　正活生生事物的逝去，而獨立的藝術家和知識分子正
　　屬於這群人。近代傳播工具［即近代的代表／再現系統
　　（modern systems of representation）］以見解和才智的刻
　　板印象吞沒了我們，因此新鮮的感受現在包含了有能力
　　持續地揭穿、粉碎那些刻板印象。這些群眾藝術和群眾
　　思考的世界愈來愈迎合政治的要求。那也就是為什麼知

識分子的團結和努力必須集中於政治。如果思想家不涉
及政治鬥爭中的真理價值，就不能負責地處理活生生的
整體經驗。[15]

這段文字值得一讀再讀，其中充滿了重要的指標和強
調。到處都是政治，我們無法遁入純粹的藝術和思想（pure
art and thought）的領域，也因而無法遁入超然無私的客觀
性（disinterested objectivity）或超越的理論（transcendental
theory）的領域。知識分子**屬於**他們的時代，被資訊或媒體
產業所具體呈現的群眾政治的代表簇擁同行；愈來愈有力的
媒體流通著形象、官方敘述、權威說法（不只是媒體，而且
是要保持現狀的整個思潮，使事情維持於現實上可被接受、
批准的範圍內），而知識分子只有藉著論辯這些形象、官方
敘述、權威說法，藉著提供米爾思所謂的揭穿（unmaskings）
或另類版本（alternative versions），竭盡一己之力嘗試訴說真
話，才能加以抵抗。

這絕非易事：知識分子總是處於孤寂與結盟之間。在最
近對抗伊拉克的波灣戰爭中，要提醒美國公民說自己的國家

---

[15] 米爾思，《權力、政治與人民：米爾思論文集》（*Power, Politics, and People: The Collected Essays of C. Wright Mills*, ed. Irving Louis Horowitz［New York: Ballantine, 1963］），頁299。

不是無辜或超然的勢力（政策制定者輕易遺忘了入侵越南和巴拿馬的事）、美國只是自命的世界警察，是多麼困難的一件事。但我相信這正是此時此刻知識分子的職責：挖掘出遺忘的事情，連接起被切斷的事情，引用原本可以避免戰爭及隨之而來的人類毀滅的另類作法。

　　米爾思的主要論點是群眾與個人的對立。大組織的勢力（從政府到集團）以及相對的弱勢（不只是個人，而且包括了從屬階級、弱勢者、少數民族和國家、地位較低或勢力較弱的文化和種族），二者之間天生就有落差。在我心目中，知識分子無疑屬於弱者、無人代表的同一邊。有人曾說就像羅賓漢（Robin Hood）一樣。然而，知識分子的角色並不那麼簡單，因此不能以太浪漫的理想主義就輕易打發掉。根據我的定義，知識分子既不是調解者，也不是建立共識的人，而是全身投注於批評意識，不願接受簡單的處方、現成的陳腔濫調，或平和、寬容的肯定權勢者或傳統者的說法或作法。不只是被動地不願意，而且是主動地願意在公眾場合這麼說。

　　這並不總是要成為政府政策的批評者，而是把知識分子的職責想成是時時維持著警覺狀態，永遠不讓似是而非的事物或約定俗成的觀念牽著鼻子走。這包含了穩健的現實主義，幾乎是健全、理性的活力，以及複雜的奮鬥，在一己的

問題和公共領域中發表、發言的要求二者之間保持平衡——
就是這個使得它成為一種恆久的努力，天生就不完整、必然
是不完美。然而，它予人的鼓舞激發和蘊涵的錯綜複雜，至
少對我而言，雖然並不使人特別受歡迎，卻是因而更豐富。

第二章

為國族與傳統設限

班達的名著《知識分子之背叛》給人的印象是：知識分子存在於一種普遍的空間，既不受限於國族的疆界，也不受限於族裔的認同。1927年時，在班達看來，對知識分子感興趣顯然意味著只關切歐洲人（他贊許的對象中只有耶穌不是歐洲人）。

自那以來，世事鉅變。首先，歐洲與西方為世界其他地方設定標準的這種角色已經遭到挑戰。第二次世界大戰之後，大殖民帝國的分崩離析削弱了歐洲的能力，使其不能再在知識上、政治上照耀以往所謂世界的黑暗地方。隨著冷戰的來臨，第三世界的崛興，以及聯合國之存在所暗示（若不是所實現）的全球解放，非歐洲的國族與傳統現在似乎值得

嚴肅看待。

　　其次，旅行與通訊不可思議的快速發展，創造出對於所謂「歧異」（"difference"）和「他性」（"otherness"）的新認知；用簡單的話來說，這意味著如果談起知識分子，就不能像以往那樣泛泛而談，因為法國的知識分子在風格與歷史上完全不同於中國的知識分子。換言之，今天談論知識分子也就是談論那個主題在特定國族、宗教甚至大洲的不同情況，其中似乎每個都需要分別考量。例如，非洲的知識分子或阿拉伯的知識分子各自處於很特殊的歷史脈絡，具有各自的問題、病徵、成就與特質。

　　就某個程度而言，我們在看待知識分子的方式上，這種窄化的焦點和在地化（localization）的現象，也來自專業化研究令人驚異的發展，這種發展理所當然地記錄了知識分子在現代生活中逐漸擴張的角色。在西方大多數具規模的大學或研究圖書館，我們可以查到數以千計有關不同國家知識分子的標題，其中任何一組都得經年累月才能精通。其次，當然知識分子也有許多不同的語言，像是阿拉伯文或中文，標示出近代的知識分子論述和古老、通常是很豐富的傳統之間很特別的關係。如果西方歷史學家嘗試認真了解其他不同傳統中的知識分子，也得花上多年的時間學習他們的語言。然而，儘管存在著這些歧異與他性，儘管對於知識分子的普遍

觀念必然有所減損，但是有關個別知識分子（the individual intellectual）的一些普遍觀念──這是我在此處的關懷──似乎不只限用於特定的地方。

這些觀念中，我首先要討論的就是國族性（nationality）以及由此衍生的國族主義（nationalism）。近代的知識分子，不管是像喬姆斯基或羅素那樣的大人物，或名聲沒有那麼響亮的知識分子，沒有一位是用世界語（Esperanto）寫作的──這種世界語的設計不是為了屬於全世界，就是為了不屬於特定的國家和傳統。每位知識分子都誕生在一種語言中，而且大都一輩子就活在那個語言中，那個語言成為他知識活動的主要媒介。語言當然一向具有國族性，如希臘文、法文、阿拉伯文、英文、德文等，雖然我在這裡的主要論點之一是：知識分子應該使用一個國族的語言，不只是為了方便、熟悉這些明顯的理由，也是因為個別的知識分子希望賦予那種語言一種特殊的聲音、特別的腔調、一己的看法。

然而，知識分子特別的問題在於，每個社會中的語言社群（language community）被已經存在的表現習慣所宰制，這些習慣的主要作用之一就是保持現狀，並確保事情能夠平穩、不變、不受挑戰地進行。歐威爾在〈政治與英語〉（"Politics and the English Language"）一文中提出了令人信服的論點。他說：陳腔濫調、老舊的比喻、懶惰的書寫，都是

「語言墮落」（ "the decay of language" ）的事例。語言具有超級市場背景音樂的效用，當語言沖洗人的意識，誘使它被動地接受未經檢證的觀念和情緒時，結果便是心靈的麻木與被動。

　　歐威爾此文寫於 1946 年，文中所關切的是蠱惑民心的政客逐漸侵蝕英國人的心靈。他說：「下列說法以不同情況適用於從保守黨到無政府主義者的所有政黨：政治語言是設計來使謊言聽起來像是真話，謀殺像是正派行徑，空氣像是固體。」[1]然而，今天的問題比那更廣大、更普遍，我們只要瀏覽今天語言趨向更廣泛、更集體的形式便知分曉。以新聞業為例，在美國一家報紙的範圍和勢力愈大，聲音就愈權威，愈與社群緊密認同，而這裡的社群不只是一群職業作家和讀者。一家小報和《紐約時報》（ New York Times ）的差異在於《紐約時報》期許成為（而且經常被認為是）備案的全國性報紙，它的社論反映的不只是少數人士的意見，也被認為是整個國家所認知的真理。相對地，小報的設計是透過煽情的文章和搶眼的版面來攫取立即的注意。在《紐約時報》上刊登的任何文章都帶有嚴肅的權威，暗示著長期的研究，

---

[1] 歐威爾，《歐威爾文集》（ A Collection of Essays ［New York: Doubleday Anchor, 1954］），頁 177。

縝密的思索，審慎的判斷。社論中所用的「我們」當然直指編輯自己，但同時也暗示國家集體的認同，如「我們美國人」。波灣戰爭期間輿論討論這項危機，特別是在電視上，但也在報章雜誌上，認定了國家的「我們」（national "we"）的存在，記者、軍方和市井小民都重複此用語，如「**我們**什麼時候開始地面戰爭？」或「**我們**是否有任何傷亡？」

　　新聞業只是澄清並固定一國語言（如英文）的存在本身通常所暗示的意義，也就是國族的社群、國族的認同或自我。阿諾德在《文化與無政府狀態》（Matthew Arnold［1822-1888］, *Culture and Anarchy*, 1869）一書中甚至說，國家是國族最好的自我，而國族文化所表達的是曾經說過或思考過的最佳事物。這些最好的自我和最好的思考絕非不證自明；阿諾德說，它們是「文化人」理應宣告和代表的。他似乎意味著我所謂的知識分子——那些知識分子的思考力與判斷力使得他們適合代表最好的思考（即文化本身），並使之廣為流傳。阿諾德很明白地說出，這一切之所以發生不是為了個別的階級或一小群人，而是為了整個社會。這裡就像近代的新聞業一樣，知識分子的角色理應是協助國族的社群更感受到共同的認同感，而且是很崇高的感受。

　　阿諾德的主張底下潛藏著一種恐懼，害怕變得更民主之後，更多人要求投票權和自主權，社會將變得更難駕馭、更

難治理。因此，知識分子不言而喻的需求就是使人民冷靜，顯示給人民知道最好的觀念和最好的文學作品構成屬於國族社群的方式，這也轉而排除了阿諾德所謂的「為所欲為」。當時是1860年代。

對1920年代的班達而言，知識分子的危險在於太過遵從阿諾德的處置方式：知識分子在顯示給法國人看法國的科學和文學多麼偉大時，也教導公民隸屬國族社群本身就是目的，尤其像法蘭西這樣偉大的國族。相反地，班達倡議知識分子應該不再以集體式的熱情來思考，而應該集中於超越的價值，普遍適用於所有國家和民族的價值。剛才說過，對班達而言，這些價值理所當然是歐洲的，而不是印度或中國的。至於他所贊許的那種知識分子也是歐洲男人。

國族或其他種類的社群（如歐洲、非洲、西方、亞洲）具有共同的語言和一整套暗示及共有的特色、偏見、固定的思考習慣，我們似乎無從逃脫國族或社群在我們周圍所設定的邊界和藩籬。在公眾的言詞中，找不到比「英國人」、「阿拉伯人」、「美國人」、「非洲人」更普遍的用語了，其中每個用語暗示的不只是整個文化，而且是特定的心態。

今天在與伊斯蘭世界打交道時情況正是如此。伊斯蘭世界有十億人，數十種不同的社會，六、七種主要的語言（包括阿拉伯文、土耳其文、伊朗文），這些都散播到全球的三

分之一——但是英美的學院知識分子卻只把它們稱作「伊斯蘭」，這種說法不但太過化約，而且在我看來不負責任。他們藉著單單一個字眼似乎就把伊斯蘭當成一個簡單的客體，對於上下一千五百年的伊斯蘭歷史提出概括的看法。大談伊斯蘭教與民主、伊斯蘭教與人權、伊斯蘭教與進步之間的相容性，並妄加論斷。[2]

如果這些討論單純只是個別學者的意見，就像小說家艾略特筆下的卡紹本先生（Mr. Casaubon）一樣，尋找一把能開啟所有神話的鑰匙，那麼人們可以棄如敝屣。但是這些討論出現在美國主宰的西方聯盟所提供的後冷戰脈絡（post-Cold War context），而且當中已經出現一種共識：復甦的或基本教義派的伊斯蘭教已經取代共產主義，成為新的威脅。這裡，集體的思考**並未**使得知識分子成為我所描述的質疑和存疑的個人心靈（這些個人代表的不是共識，而是以理性、道德和政治的立場，遑論方法論的立場，來懷疑這種共識），而是使得知識分子異口同聲回應盛行的政策觀點，加速使其成為更集體的思考、愈來愈不理性的說法：「我們」

---

[2] 我在《東方主義》（1978）、《採訪伊斯蘭》（1981）二書以及1993年11月21日發表於《紐約時報週日雜誌》（*New York Times Sunday Magazine*）的專文〈虛假不實的伊斯蘭威脅〉（"The Phoney Islamic Threat"）中，都討論了這種作法。

遭到「他們」威脅。結果是不容忍和恐懼，而不是知識和共同體。

　　然而悲哀的是，要重複集體的方式實在是再容易不過了，因為只要是使用一種國語（國語是無可取代的），就會使人接納手邊最現成的事物，把人驅向有關「我們」和「他們」的那些陳腐用語和流行比喻，而這些是許許多多的機構，包括新聞業、學術專業等，為了方便大家理解而使之流行的。所有這些都是維持國族認同（national identity）的一部分。例如，覺得俄國人進逼，日本經濟入侵，或好戰的伊斯蘭教國家挺進，這不只是體驗集體的警訊，而且也鞏固受到包圍、岌岌可危的「我們的」認同。如何處理這個現象，是今日知識分子的主要問題。國族性這個事實是否使得個別的知識分子（個別的知識分子是我此處的重點所在）因為團結、基本的忠誠、愛國主義而委諸公眾的情緒？或者能提出更有利於知識分子的說法——此處的知識分子指的是有別於集體的異議者？

　　絕不把團結置於批評之上，就是簡潔的答案。知識分子總要有所抉擇：不是站在較弱勢、代表不足、被遺忘或忽視的一邊，就是站在較強勢的一邊。這裡應該提醒的是：國語本身不只是外在的客觀存在，擱在那裡待人使用，而且是必須被據用（appropriated for use）。例如，越戰時的美國專欄

作家使用「我們」或「我們的」這種字眼時，已經據用了中
性的代名詞，而有意使這些原先中性的代名詞不是附屬於入
侵一個遙遠的東南亞國家的罪行，就是附屬於另一個困難得
多的選擇：附屬於那些寂寞的異議之聲，對這些人來說，美
國的戰爭既不智又不義。這並不意味為了反對而反對，卻的
確意味著質疑、區別、回憶在急急忙忙求取集體判斷和行動
中所可能忽略或漠視的所有事情。至於群體或國族認同的共
識，知識分子的職責就是顯示群體不是自然或天賦的實體，
而是被建構出、製造出、甚至在某些情況中是被捏造出的客
體，這個客體的背後是一段奮鬥與征服的歷史，而時有去代
表的必要。在美國，喬姆斯基和維德一直全力執行這項職
責。

　　我所意指的最佳例證之一也可在伍爾芙的〈自己的房
間〉（Virginia Woolf [1882-1941], "A Room of One's Own"）
一文找到，該文是近代女性主義知識分子的一篇關鍵文本。
伍爾芙應邀發表一場有關女人和小說的演講，她起先決定除
了陳述結論之外（她的結論是女人如果要寫小說，一定要
有錢和自己的房間），必須為這項主張提出合理的論證，而
這使得她經歷如下的過程：「一個人只能顯示自己是如何持
有現在所持的任何意見。」伍爾芙說，除了直接說出真相之
外，揭露自己的論證則是另一種選擇方式，因為只要一涉及

性，隨之而來的很可能不是辯論而是爭議：「只能由聽眾來
觀察演講者的限制、偏見、癖好，給予聽眾自己下結論的機
會。」這在戰術上當然可以使人解除心防，但其中也有個人
的風險。受傷的可能性和理性的論證，此二者的結合提供伍
爾芙完美的開端，以進入她的主題：不是提供原文的教條式
聲音，而是知識分子以完全適合當前工作的語言來代表被遺
忘的「較柔弱的性別」。因此，〈自己的房間〉的效應是從
伍爾芙所謂的父權體制的語言和權力中，分離出一種女人對
於地方的新感受，這種新感受既是附屬的，通常又隱而未
現、很少被人想到。因此，伍爾芙寫出那些精采的章節，
如隱藏手稿的奧斯汀，影響布朗黛（Charlotte Brontë, 1816-
1855）內心深處的憤怒，或者最令人印象深刻的是男性宰制
的價值與女性次要、封閉的價值之間的關係。

　　伍爾芙描述，女人在提筆寫作時，那些男性價值如何早
已進駐其中；其實，她描寫的也是個別的知識分子開始寫作
或說話時所存在的關係：總是已經存在著權力與影響的結
構，已經宣告了的價值和觀念的一長串歷史，而且對知識分
子來說最重要的就是，在那些結構和歷史底下有著觀念、價
值以及（像伍爾芙所討論的女作家那樣）沒有自己的房間的
人們。正如班雅明（Walter Benjamin, 1892-1940）所說的：
「以勝利者姿態出現的人至今都在勝利的行列，在此行列中

現今的統治者踐踏過那些匍匐在地的人。」這種很戲劇性的歷史觀恰好與葛蘭西的看法吻合；對葛蘭西來說，社會現實本身被劃分為統治者和被統治者。我認為，知識分子面對的主要選擇是：要和勝利者與統治者的穩定結合在一起，還是選擇更艱難的途徑——認為那種穩定是一種危急狀態，威脅著較不幸的人，使其面臨完全滅絕的危險，並考慮到屈從的經驗（the experience of subordination）以及被遺忘的聲音和人們的記憶。如班雅明所說的：「以歷史的方式來宣告過去，並不意味著承認『過去的實況』……而是意味著當記憶〔或存在〕閃現於危險時刻之際掌握住它。」[3]

社會學家席爾思（Edward Shils）為近代知識分子提供了一則經典式的定義：

每個社會中……都有一些人對於神聖的事物具有非比尋常的敏感，對於他們宇宙的本質、對於掌理他們社會的規範具有非凡的反省力。在每個社會中都有少數人比周遭的尋常夥伴更探尋、更企求不限於日常生活當下的具體情境，希望經常接觸到更廣泛、在時空上更具久遠意

3 班雅明，《闡明》（*Illuminations*, ed. Hannah Arendt, trans. Harry Zohn〔New York: Schocken Books, 1969〕），頁256, 255。

義的象徵。在這少數人之中，有需要以口述和書寫的論
述、詩或立體感的表現、歷史的回憶或書寫、儀式的表
演和崇拜的活動，來把這種內在的探求形諸於外。穿越
當下具體經驗之屏幕的這種內在需求，標示了每個社會
中知識分子的存在。[4]

　　這個定義部分是班達說法的重述（知識分子是類似神職
人員的少數人），部分是一般的社會學描述。席爾思後來又
說：知識分子站在兩個極端，不是反對盛行的正規，就是以
某種基本上調適的方式存在著，以提供「公共生活中的秩序
和延續」。我的意見是：這兩種可能性中只有第一種（與盛
行的正規爭辯）才是真正近代知識分子的角色，原因在於宰
制的正規現今與國族密切相關（因其上承國族之令），而國
族一向唯我獨尊，一向處於權威的地位，一向要求忠誠與服
從，而不是伍爾芙和班雅明二人所說的那種知識的探究和重
新檢討。
　　再者，當今許多文化中，知識分子對於席爾思所談到的

---

[4] 席爾思，〈知識分子與權勢：比較分析的一些角度〉（“The Intellectuals
and the Powers: Some Perspectives for Comparative Analysis”），文刊《社會
與歷史之比較研究》（*Comparative Studies in Society and History*, Vol. 1, No. 1
[1958]），頁 5-22。

廣泛象徵主要採取**質疑**的態度，而不是直接溝通。因此，已
經從愛國主義的共識和默許轉移到懷疑和競爭。完美的發現
與無限的機會確保建立起一個新共和的美國例外論（American
exceptionalism），並在發現新大陸五百週年的1992年加以
慶祝；對於賽爾（Kirkpatrick Sale）者流的美國知識分子而
言，上述的整個敘事漏洞百出、令人難以接受，因為摧毀早
先事物狀態的掠奪和種族屠殺的代價太高了。⁵一度奉為神聖
的許多傳統和價值現在看來既虛假偽善，又以種族為基礎。
美國許多大學校園裡有關典律（canon）的辯論，儘管時而
有些白癡式的叫囂或愚昧的沾沾自喜，但透露出知識分子面
對國族的象徵、神聖的傳統、崇高不可侵犯的觀念時，其
實他們的態度很不穩定。至於像伊斯蘭教或中國那樣的文
化，具有他們傳奇式的延續和很安全的基本象徵，也有像謝
里阿提、阿多尼斯、阿布—迪普（Ali Shariati, Adonis, Kamal
Abu-Deeb）或五四運動的這類知識分子，擾動其龐偉的沉
靜、高高在上的傳統。⁶

---

5 賽爾在《征服樂園：哥倫布及其遺產》（*The Conquest of Paradise: Christopher Columbus and the Columbian Legacy* [New York: Knopf, 1992]）一書有力地鋪陳這個看法。

6 1919年5月4日中國發生了學生運動，三千名學生聚集在天安門廣場，抗議該年的巴黎和會允許日本在山東的特權，這是中國第一個學生抗議行動，成為二十世紀其他全國性有組織的學生運動的開始。三十二名學

　　我認為這種情況在英、美、法、德等國也同樣成立。那些國家晚近公開爭辯國族認同觀念之不足，而參與爭辯的不只是知識分子，也包括了切身相關的人士。現在歐洲有些移民社群來自以往的殖民地，而 1800 至 1950 年間所建構的有關「法國」、「英國」、「德國」的觀念全然把他們排除在外。此外，在所有這些國家中，新近活躍的女性主義及同性戀運動也爭辯著迄今一直規範著社會的父權正規及基本上男性的正規。在美國，愈來愈多的新移民以及聲音愈來愈大、形象愈來愈醒目的原住民（這些被遺忘的原住民，他們的土地遭到侵佔，他們的環境不是被前來的共和國破壞殆盡，就是被完全轉變），也在女性、非裔美國人、性取向的弱勢團體之外，提供了他們的證詞，以挑戰過去兩個世紀以來得自新英格蘭清教徒以及美國南方奴隸—農場主人的傳統。這些挑戰所激起的回應就是一些訴求的重新出現，訴求於傳統、愛國主義或如美國前副總統奎爾（Dan Quayle）所稱的基本價值或家庭價值，所有這些都與過去有關；這個過去除非藉

生被捕，導致學生重新動員，要求政府釋放被捕學生，並對山東問題採取強硬行動。學生運動受到中國新興的企業階級支持，致使政府鎮壓的企圖失敗，而新興階級之所以支持此項運動是因為他們受到日本競爭的威脅。參閱伊斯瑞爾，《中國的學生國家主義，1927-1937》（John Israel, *Student Nationalism in China, 1927-1937* [Stanford: Stanford University Press, 1966]）。

著否認或多少貶低（套用賽沙爾的偉大說法）要在勝利大會師中佔有一席之地的那些人的活生生經驗，否則已經成了明日黃花。[7]

甚至在許多第三世界國家中，族國（national state）的現有勢力和被鎖在族國內卻未有代表或被壓迫的弱勢者之間存在著囂嚷的敵對狀態，提供了知識分子抵抗勝利者前進的真正機會。阿拉伯—伊斯蘭世界存在著更複雜的情況。在埃及和突尼西亞這類國家，自從獨立之後長久以來就為世俗的民族主義政黨所統治，這些政黨現在已經墮落成小圈子和小集團，卻突然被伊斯蘭團體所分裂。這些伊斯蘭團體的說法相當言之成理：他們受到被壓迫者、都市窮人、鄉村佃農的託付，而這些弱勢者除了回復或重建伊斯蘭的過去之外，沒有其他希望。許多人願意為這些理念奮戰至死。

但是，伊斯蘭教畢竟是個多數人的宗教，而且只說「伊斯蘭教就是道路」來抹煞大多數的異議與歧異——遑論對於伊斯蘭教甚為歧異的詮釋——我相信這並不是知識分子的角色。伊斯蘭教畢竟是一種宗教和文化，而宗教和文化二者都是綜合體，絕非大一統的。然而，由於伊斯蘭教是大多數人

---

7 賽沙爾，《賽沙爾詩集》（ *The Collected Poetry*, trans. Clayton Eshelman and Annette Smith [Berkeley: University of California Press, 1983] ），頁72。

的信仰和認同，所以知識分子絕非只是同聲頌讚伊斯蘭教，
而是首先要在喧囂中引進對於伊斯蘭教的詮釋。強調其複
雜、非正統的性質——如敘利亞詩人、知識分子阿多尼斯所
問的：是統治者的伊斯蘭教，還是持不同意見的詩人和宗派
的伊斯蘭教？其次，要求伊斯蘭教權威面對非伊斯蘭教的少
數、女性權利、現代性本身的種種挑戰，給予人道的注意、
誠實的重估，而不是教條式或準民粹式的頌讚。對於伊斯蘭
知識分子而言，重點在於恢復個人的詮釋（*ijtihad*），而不是
如羔羊般溫馴地屈從於具有政治野心、領袖魅力的宣傳家
（*'ulema*）。

　　然而，知識分子一直受困於忠誠這個問題，及其無情的
挑戰。我們所有人毫無例外地都屬於某個國族、宗教或族裔
社群，不管多麼高聲抗議，都無法超越聯繫個人與家庭、社
群、（當然也包括）國籍的有機關係。對於冒現（emergent）
且受困的團體，比方說，今天的波士尼亞人或巴勒斯坦人，
覺得自己的民族受到政治滅絕的威脅、有時受到生命滅絕
的實際威脅，會使人獻身、竭盡所能地去保衛自己的民族
或對抗國家的敵人。這當然是防衛性的國族主義（defensive
nationalism）；但是，誠如法農分析阿爾及利亞對抗法國的
解放戰爭最激烈時期（1954-1962年）的情況所指出的，只
是同聲附和政黨及領袖所體現的反殖民國族主義是不夠的。

即使在戰事最激烈之時，有關目標的問題總是伴隨了對於不同選擇的分析。我們奮戰只是為了擺脫殖民主義（這是一個必要的目標）？還是考慮到最後一名白人警察離去時，我們要做什麼？

　　根據法農的說法，當地知識分子的目標不能只是以當地警察取代白人警察，而是要創造新靈魂（the invention of new souls）──此詞是他借自賽沙爾的。換言之，雖然在國家緊要關頭，知識分子為了確保社群生存的所作所為具有無可估量的價值，但忠於團體的生存之戰並不能因而使得知識分子失去其批判意識或減低批判意識的必要性，因為這些都該超越生存的問題，而到達政治解放的層次，批判領導階級，提供另類選擇（這些另類選擇在身邊的主要戰事中，經常被視為無關而被邊緣化或置於不顧）。即使在被壓迫者中也有勝利者和失敗者，而知識分子的忠誠必須不限於只是加入集體的行列邁進：在這方面，像印度的泰戈爾或古巴的馬提那樣偉大的知識分子都是典範，雖然他們一直是國族主義者，但絕不**因為**國族主義而減低他們的批評。[8]

　　在集體的必要性和知識分子聯盟的問題之間的互動中，

---

8 譯註：泰戈爾是印度詩人、作家，1913年諾貝爾文學獎得主；馬提是古巴詩人、作家，古巴獨立革命的先驅，其文學影響遍及拉丁美洲和西班牙，於1895年陣亡。

沒有一個國家像近代日本那樣問題叢生又混淆不清，以致釀
成悲劇。1868年的明治維新恢復了君主制，接著廢除封建，
並開始有意建立一個新的綜合的意識形態。這不幸導致了法
西斯式的軍國主義和國族的浩劫，終致造成1945年日本帝
國的潰敗。歷史學家顧拉克（Carol Gluck）主張，尊王主義
（tennosei ideorogii）已是明治時期知識分子創造出來的，原先
孕育於自衛心態甚至自卑感，但到了1915年已經成為羽翼豐
厚的國族主義，能夠同時從事極端的軍國主義，崇敬天皇，
以及本土主義，把個人置於國家之下。[9]它也貶低其他的種
族，在1930年代假借指導民族（shido minzeku，日本人是領
導的種族）之名，任意屠殺中國人。

　　知識分子在近代史上最羞恥的一章就是道爾（John
Dower）所描述的，在第二次世界大戰期間，日本和美國的
知識分子先以挑釁、後以貶抑的方式，加入了國家和種族的
彼此叫罵之戰。[10]根據三好將夫（Masao Miyoshi）的說法，
戰後大多數的日本知識分子相信他們新任務的本質不只是拆

---

[9] 參閱顧拉克，《日本的近代神話：明治時代晚期的意識形態》（Japan's
Modern Myths: Ideology in the Late Meiji Period [Princeton: Princeton University
Press, 1985]）。

[10] 道爾，《無情的戰爭：太平洋戰爭中的種族與權力》（War Without Mercy:
Race and Power in the Pacific War [New York: Pantheon, 1986]）。

解天皇或集體的意識形態，而且要建立自由的個人主義式的
主體性（a liberal individualist subjectivity, *shutaisei*），有意與西
方競爭，卻又不幸注定成為「終極的消費主義式的空洞，只
是以購買行為來肯定和重新確保個人」。然而，三好將夫提
醒我們，戰後知識分子對於主體性的重視也包括針對戰爭責
任此一問題的發言，一如作家丸山真男（Masao Maruyama,
1914-1996）的作品有效地談到由知識分子組成的「懺悔的
社群」（"community of penitence"）。[11]

　　在黑暗時代，知識分子經常被同一國族的成員視為
代表、發言、見證那個國族的苦難。套用王爾德（Oscar
Wilde, 1854-1900，英國劇作家、詩人、小說家、批評家）
描述自己的話來說，傑出的知識分子總是與自己的時代具有
象徵的關係：在公眾意識中，他們代表成就、名聲、榮譽，
而這些都可用於持續不斷的鬥爭或投入戰鬥的社群。反之，
人們在批評一個社群的惡形惡狀時，傑出的知識分子也經常
首當其衝，有時被其中的派系歸為錯誤的一邊（這種情形在

---

[11] 三好將夫，《偏離中心：日本與美國的權力與文化關係》（*Off Center:
Power and Culture Relations Between Japan and the United States* ［Cambridge,
Mass.: Harvard University Press, 1991］），頁 125, 108；丸山真男是戰後的
日本作家，也是日本帝國歷史和天皇體制的主要批評者，曾任東京大學
政治思想史教授，被譽為「政治學之神」。三好將夫把他描述成過於接
受西方美學與知識的主導。

愛爾蘭很普遍；此外，冷戰時期支持和反對共產黨的人士拳
來腳往時，這種情形在西方大國也相當普遍），有時是其他
團體以此來攻擊。當然，王爾德覺得自己蒙受的是所有前衛
思想家的罪愆，因為這些人敢於挑戰中產階級社會的正規。
在我們這個時代，像維瑟爾（Elie Wiesel, 1928-）這樣的人
則象徵了在納粹大屠殺中滅絕的六百萬猶太人的苦難。[12]

　　除了這些極為重要的任務——代表自己民族的集體苦
難，見證其艱辛，重新肯定其持久的存在，強化其記憶——
之外，還得加上其他的，而我相信這些只有知識分子才有
義務去完成。畢竟，許多小說家、畫家、詩人，像曼佐尼
（Alessandro Manzoni, 1785-1873）、畢卡索（Pablo Picasso,
1881-1973）、聶魯達（Pablo Neruda, 1904-1973），已經在美
學作品中體現了他們人民的歷史經驗，而且這些美學作品也
被認為是偉大的傑作。[13]我相信，知識分子的重責大任在於
明確地把危機普遍化，把特定的種族或國家所蒙受的苦難賦
予更偉大的人類範疇，把那個經驗連接上其他人的苦難。

---

[12] 譯註：維瑟爾是猶太人，納粹大屠殺倖存者，著有《夜：納粹集中營回
　　憶錄》（*La Nuit*〔陳蓁美譯；台北：左岸文化，2006 年〕）等數十種作
　　品，曾任美國大屠殺紀念委員會主席，1986 年諾貝爾和平獎得主。

[13] 譯註：曼佐尼是義大利詩人、小說家，十九世紀義大利浪漫主義文學的
　　代表；畢卡索是西班牙畫家、雕刻家，立體主義畫派的主要代表；聶魯
　　達是智利詩人、外交官，1971 年諾貝爾文學獎得主。

只是肯定一個民族被剝奪、迫害、屠殺、取消權利、否認政治存在，而不同時（像法農在阿爾及利亞戰爭時那樣）把那些恐怖的情事連接上其他人的相似苦難，這是不夠的。這絕不意味失去歷史的特殊性（historical specificity），而是防止在一個地方所學到的有關迫害的教訓，可能在另一個地方或時間被遺忘或違犯。正因為你代表了本身可能也經歷過的自己民族的苦難，所以在自己民族現在可能把相關的罪行施加到**他們的**受害者時，你也擺脫不了揭露的責任。

例如，南非的波爾人（Boers）曾視自己為英國帝國主義的受害者；但這意味著從波爾戰爭（Boer War, 1880-1902）的英國「侵略」下倖存的波爾人社群，在馬蘭（Daniel François Malan, 1874-1959）代表之下，覺得自己有權藉著國民黨（National Party）的教條來肯定自己的歷史經驗——然而這些教條後來卻變成種族隔離政策。[14]知識分子總是很容易且經常落入辯解和自以為是的模式，使自己昧於面對以自己族裔或國家社群之名所犯下的罪行。在緊急和危機的時候尤其如此，例如在福克蘭戰爭（Falklands War）或越戰時要

---

[14] 譯註：波爾戰爭是英國和波爾人（荷蘭移民後裔的南非人）的戰爭，前後兩次，始於1880年，終於1902年；馬蘭曾任南非總理（1948-1954），1940年擔任重新統一的國民黨黨魁，成立第一個全由南非白人組成的政府，實行種族隔離政策。

求團結起來支持國家。那時辯論戰爭是否正當被認為形同叛國。雖然那最會惹人反感，但知識分子仍須發言反對那種群性，至於個人的利害得失則在所不計。

第三章

知識分子的流亡

放逐者與邊緣人

　　流亡是最悲慘的命運之一。在古代，流放是特別可怖的懲罰。因為它不只意味著遠離家庭和熟悉的地方，多年漫無目的的遊盪，而且意味著成為永遠的流浪人，永遠離鄉背井，一直與環境衝突，對於過去難以釋懷，對於現在和未來滿懷悲苦。人們總是把流亡的觀念和身為麻瘋病患、社會及道德上的賤民這些可怕的事聯想到一塊。在二十世紀，流亡已經從針對特定個人所精心設計的、有時是專一的懲罰（如偉大的拉丁詩人奧維德〔Ovid, 43 B.C.-17 A.D.〕從羅馬被遠遠流放到黑海邊的小城），轉變成針對整個社群和民族的殘酷懲罰。而這經常由於像是戰爭、饑荒、疾病這些非個人的力量無意中造成的結果。

　　亞美尼亞人就屬於此類。亞美尼亞人是個傑出的民族，但經常流離失所。他們早先大量居住於地中海東岸（尤其安那托利亞［Anatolia］），但在遭到土耳其人種族滅絕式的攻擊後，蜂擁至貝魯特、阿勒坡（Aleppo，位於敘利亞西北部）、耶路撒冷、開羅附近，然而在第二次世界大戰後的革命動盪中再度被迫遷徙。長久以來我就對那些被放逐或流亡的大社群深感興趣，他們就居住在我年輕時視野所及的巴勒斯坦和埃及。那裡當然有許多亞美尼亞人，但也有猶太人、義大利人、希臘人。這些人一度定居於黎凡特（Levant，從希臘到埃及的地區。其中包括了敘利亞、黎巴嫩和巴勒斯坦），並在那裡扎下富庶的根基，培育出像是賈貝斯、安卡瑞提、卡瓦菲（Edmond Jabès, Giuseppe Ungaretti, Constantine Cavafy）這樣的傑出作家。[1]但在1948年以色列建國、1956年蘇伊士戰爭後，這些富庶的根基遭到野蠻的摧殘。對於埃及和伊拉克的新民族主義政府以及其他的阿拉伯世界來說，象徵著歐洲戰後帝國主義的新侵略的外國人被迫離去；而對於許多古老社群來說，這是特別難受的命運。有些適應了新的居住地，但許多可說是再度流亡。

---

1 譯註：賈貝斯（1912-1991）是猶太裔埃及詩人；安卡瑞提（1888-1970）是義大利詩人；卡瓦菲（1863-1933）是希臘詩人，詩作多取材自古希臘歷史神話，風格則為現實主義。

有一種風行但完全錯誤的認定：流亡是被完全切斷，孤立無望地與原鄉之地分離。但願那種外科手術式、一刀兩斷的劃分方式是真的，因為這麼一來你知道遺留在後的就某個意義而言是不可想像的、完全無法恢復的。這種認知至少可以提供些許的慰藉。事實上，對大多數流亡者來說，難處不只是在於被迫離開家鄉，而是在當今世界中，生活裡的許多東西都在提醒：你是在流亡，你的家鄉其實並非那麼遙遠，當代生活的正常交通使你對故鄉一直可望而不可及。因此，流亡者存在於一種中間狀態，既非完全與新環境合一，也未完全與舊環境分離，而是處於若即若離的困境，一方面懷鄉而感傷，一方面又是巧妙的模仿者或祕密的流浪人。精於生存之道成為必要的措施，但其危險卻在過於安逸，因而要一直防範過於安逸這種威脅。

奈波爾的長篇小說《大河灣》（V. S. Naipaul, *A Bend in the River*）中的主角沙林（Salim）就是現代流亡知識分子的一則動人例子。他是祖籍印度的東非伊斯蘭教徒，離開海岸，旅行到非洲內陸，在一個新國家中歷盡苦難僅以身免，小說中的新國家以莫布杜（Mobutu Sese Seko, 1930-1997）所建立的薩伊（Zaire）為原型。[2]奈波爾具有小說家非比尋常的

---

[2] 譯註：奈波爾（1932-）是出生於千里達之英國作家，創作出許多無根的

敏感，能把沙林在「大河灣」的生活描繪成類似無主的土地，前來這片土地的有擔任顧問的歐洲知識分子（接續殖民時期帶有理想主義色彩的傳教士）以及傭兵、牟取暴利之徒、其他第三世界流離失所之人；沙林被迫居住其間，在愈來愈混亂的情勢中逐漸喪失個人的財產與人格。小說結尾時——當然這是奈波爾引人爭辯的意識形態的論點——甚至連本地人在自己的國家都已經成了流亡者，而奈波爾有意把統治者「大人」隨興之舉的荒誕不經、難以捉摸，作為所有後殖民政權的象徵。

　　第二次世界大戰後那段期間，廣泛的領土重劃造成了大幅人口移動，例如在 1947 年劃分之後遷移到巴基斯坦的印度伊斯蘭教徒，或是在以色列建國時為了容納來自歐洲、亞洲的猶太人而被大舉驅散的巴勒斯坦人；而這些轉變也造成了混雜的政治形式。在以色列的政治生活中，不僅存在著猶太人的漂泊離散的政治（politics of the Jewish diaspora），也夾雜著與之競逐的巴勒斯坦人的流亡政治（politics of the Palestinian people in exile）。在巴基斯坦和以色列這些新建立的國家中，晚近的移民被視為人口交換的一部分，但在政治

人物；莫布杜是原剛果民主共和國及薩伊共和國的總統及獨裁者，執政黨創建人及主席，掌權三十二載後於 1997 年 5 月遭到罷黜，同年 9 月病逝於摩洛哥。

上他們也被視為以往被壓迫的少數人，而現在能以多數人的身分居住在自己的新國家。然而，新國家的劃分和分離主義的意識形態非但沒有解決宗派的爭議，反而使之重新燃起，並且經常愈演愈烈。我在這裡的關懷比較是大都未獲接納的流亡者，像是巴勒斯坦人、歐洲大陸的伊斯蘭新移民，或英國的西印度黑人、非洲黑人；這些人的存在使得他們居住的新社會原先認定的單一性更形複雜。因此，自認會影響流落異地的國族社群大局之一分子的知識分子，可能不是同化和適應之源，反而成為動盪不安之源。

　　這絕不是說流亡者不會產生適應的奇蹟。今天美國獨特之處在於近來的總統行政體系中有兩位高層官員曾是流亡的知識分子（根據觀察者的不同角度，可能現在依然是流亡的知識分子）：季辛吉（Henry Kissinger, 1923-）來自納粹統治下的德國，布里辛斯基（Zbigniew K. Brzezinski, 1928-）來自共產黨統治下的波蘭。[3]此外，季辛吉是猶太裔，這使得他處於極怪異的處境，因為根據以色列的「回歸基本法」（Basic

---

3 譯註：季辛吉曾任尼克森政府的國家安全顧問、國務卿（1973-1977），對決定美國外交政策有重大影響，為1973年諾貝爾和平獎得主；布里辛斯基曾任卡特政府的國家安全顧問（1976-1980），卸任後仍經常接受美國政府諮詢，1996年7月曾應《中國時報》之邀訪問台灣並發表專題演說。

Law of Return），他有資格移民以色列。然而，季辛吉和布里辛斯基二人至少表面上看來完全把才智奉獻給他們移居的國家，結果他們的名聲、物質上的收穫、在美國及全世界的影響力，比起居住在歐洲或美國的第三世界流亡知識分子，真是不可以道里計。這兩位傑出的知識分子在美國政府服務了數十寒暑，現在成了一些集團和其他國家政府的顧問。

　　如果回想起其他流亡者，如湯瑪斯・曼（Thomas Mann, 1875-1955），把第二次世界大戰的歐洲舞台認為是西方命運之戰、西方靈魂之戰，那麼布里辛斯基和季辛吉也許在社會上就不會像人們所認定的那麼特殊了。⁴在這場「好戰」（"good war"）中，美國扮演拯救者的角色，也庇護了一代的學者、藝術家、科學家，這些人逃離西方的法西斯主義，前往新的西方**帝國**的中心。在人文和社會科學的學術領域中，有一大群極傑出的學者來到美國。有些像是羅曼語的歷史語言學大師和比較文學大師史畢哲（Leo Spitzer, 1887-1960）及奧爾巴哈（Erich Auerbach, 1892-1957），以他們的才華和舊世界的經驗豐富了美國的大學。其他像是科學家泰勒（Edward Teller, 1908-2003）和布勞恩（Wernher von Braun,

---

4 譯註：湯瑪斯・曼是德國小說家，因抨擊納粹政策被迫流亡國外（1933），加入美國籍（1944），為1929年諾貝爾文學獎得主。

1914-1972），加入冷戰的行列，成為獻身於武器和太空競賽中贏過蘇聯的新美國人。戰後這種關切籠罩一切，以致最近揭露出在社會科學界有地位的美國知識分子，設法爭取以反共著稱的前納粹成員來美國工作，成為這場偉大聖戰的一分子。

政治修飾（political trimming）這種很模糊的藝術（不採取明確立場卻生存得好好的技術）以及知識分子如何適應新的或冒現的主宰勢力，是我下兩講的主題。這裡我要集中於相反的主題：因為流亡而不能適應，或者更中肯地說，不願適應的知識分子，寧願居於主流之外，抗拒，不被納入，不被收編。但是，首先我得提出一些初步的論點。

其中之一就是流亡既是個**真實的**情境，就我的目標而言，也是個**隱喻的**情境。這種說法的意思就是：我對於流亡的知識分子的研判，來自本講開始時有關流離失所和遷徙的社會史和政治史，但並不限於此。甚至一輩子完全是一個社會成員的知識分子都能分為所謂的圈內人（insiders）和圈外人（outsiders）：一邊是完全屬於那個社會的人，在其中飛黃騰達，而沒有感受到強烈的不合或異議，這些人可稱為諾諾之人（yea-sayers）；另一邊則是諤諤之人（nay-sayers），這些個人與社會不合，因此就特權、權勢、榮耀而言都是圈外人和流亡者。把知識分子設定為圈外人的模式，最能以流亡

的情況加以解說——永遠處於不能完全適應的狀態，總是覺得彷彿處於當地人居住的親切、熟悉的世界之外，傾向於避免、甚至厭惡適應和國族利益的虛飾。對這個隱喻意義的知識分子而言，流亡就是無休無止，東奔西走，一直未能定下來，而且也使其他人定不下來。無法回到某個更早、也許更穩定的安適自在的狀態；而且，可悲的是，永遠無法完全抵達，永遠無法與新家或新情境合而為一。

　　其次，作為流亡者的知識分子傾向於以不樂為樂，因而有一種近似消化不良的不滿意，彆彆扭扭、難以相處，這種心態不但成為思考的方式，而且成為一種新的，也許是暫時的，安身立命的方式（我在表示這種看法時，甚至自己多少也吃了一驚）。知識分子也許類似怒氣沖沖、最會罵人的人。我心目中偉大的歷史典型就是十八世紀的強有力人物綏夫特（Jonathan Swift, 1667-1745），1714年保守的托利黨（the Tories）下野之後，他在英格蘭的影響力和威望一蹶不振，流亡愛爾蘭度其餘生。綏夫特幾乎是位尖酸刻薄、忿忿不平的傳奇人物——他在自撰的墓誌銘中說自己是**忿憤不樂**（*saeve indignatio*）——憤怒、不滿於愛爾蘭，卻又為愛爾蘭抵抗英國的暴政；他傲視群倫的愛爾蘭作品《格理弗遊記》（*Gulliver's Travels*）和《布商書簡》（*The Drapier's Letters*）顯示了這顆心靈從這種具有滋長效果的悲痛中生氣勃勃地發展，

更從中獲益。[5]

　　就某個程度而言，早期的奈波爾也是一位現代知識分子流亡者。這位散文家和旅遊作家偶爾住在英國，但一直漂泊不定，重赴加勒比海和印度尋根，在殖民主義和後殖民主義的瓦礫堆中篩選，無休止地評斷獨立國家和新的真信者（new true believers）的幻想與殘暴。

　　比奈波爾更嚴苛、意志更堅定的流亡者則是阿多諾（Theodor Wiesengrund Adorno, 1903-1969）。[6]他是個令人生畏卻又極具魅力的人物，對我來說，他是二十世紀中葉具有主宰地位的知識分子的良心，終其一生都在與各種危險周旋、奮戰——法西斯主義、共產主義、西方大眾消費主義。奈波爾出入於第三世界的故鄉；阿多諾則不同，他是徹頭徹尾的歐洲人，完全由高等文化中最高等的成分塑造而成：包含了哲學、音樂（他是柏格［Alban Berg, 1885-1935］和荀白克［Arnold Schoenberg, 1874-1951］的學生和崇拜者）、社

5　譯註：綏夫特擅長於諷刺文學，薩依德曾撰〈知識分子綏夫特〉（"Swift as Intellectual"）一文，收於《世界・文本・批評家》，頁72-89。綏夫特的生平及其代表作，可參閱筆者譯註的《格理弗遊記》（台北：聯經，2004年）。

6　譯註：阿多諾是德國哲學家，法蘭克福學派（Frankfurt School）代表人物之一，他的生平及觀念（包括有關「晚期風格」［late style］的看法），對薩依德多所啟發。

會學、文學、歷史、文化分析方面驚人的專業能力。[7]阿多諾
有部分猶太背景,在1930年代中期納粹掌權之後不久便離
開了祖國德國,起先到牛津研讀哲學,寫出一本有關胡塞爾
(Edmund Husserl, 1859-1938)的極深奧難懂的書。[8]他在那裡
的生活似乎抑鬱不樂,因為周圍都是一些平凡的語言和實證
主義哲學家,而他自己則是具有史賓格勒式的憂鬱和最典型
黑格爾式的形上辯證法的哲學家。後來返回德國一段時間,
成為法蘭克福大學社會研究所(the University of Frankfurt
Institute of Social Research)的一員,但為了安全之故心不甘
情不願地逃往美國,起先住在紐約(1938-1941),之後住在
南加州。

　　雖然阿多諾於1949年返回法蘭克福,重任教授,但在
美國的歲月永遠為他蓋上了流亡者的戳記。他厭惡爵士樂和
所有的通俗文化,一點也不喜歡風景,似乎在生活方式上刻
意維持他的保守風格;由於他所接受的教養是馬克思—黑格
爾的哲學傳統,所以美國的電影、工業、日常生活習慣、以
事實為根據的學習方式、實用主義,這些具有世界性影響力

---

7 譯註:柏格是奧地利作曲家,師承並發揚無調性音樂與十二音體系理論
　　及作曲技法,是第二維也納派的代表人物之一;荀白克是奧地利裔美籍
　　作曲家、音樂理論家,追求無調性創作手法,創立十二音體系。
8 譯註:胡塞爾是德國哲學家,現象學創始人。

中的每一項都招惹到他。自然，阿多諾在來美國之前就很有成為形而上流亡者（metaphysical exile）的傾向：已經極端批判在歐洲被當成是布爾喬亞的品味，例如他的音樂標準根據的是荀白克出奇艱深的作品，並斷言這些作品注定曲高和寡，知音難覓。阿多諾所表現出的弔詭、反諷、無情的批判，顯示他是典型的知識分子，同樣地厭惡、痛恨**所有的**系統——不管是我們這一邊的系統，或是他們那一邊的系統。對他而言，人生最虛偽的莫過於集體——他有一次說，整體總是虛假的——他接著說，這種情況更加重了下列事物的重要性：主觀、個人意識、在全面受到掌理的社會中無法嚴密管制的事物。

　　但就在流亡美國時，阿多諾寫出了他的偉大傑作《最低限度的道德》（*Minima Moralia*），此書由一百五十三個片段組成，於1953年出版，副標題為「殘生省思」（“Reflections from Damaged Life”）。這本書的形式是片段式的，古怪得幾近神祕，既不是前後連續的自傳，也不是主題式的沉思，甚至也不是有系統地鋪陳作者的世界觀，使我們再次聯想到屠格涅夫描寫1860年代中期俄國生活的長篇小說《父與子》中所呈現的巴扎洛夫的人生之奇特怪異。屠格涅夫在描寫巴扎洛夫這位現代虛無主義的知識分子的原型時，並未賦予任何敘事上的來龍去脈；他短暫地出現，然後就消失了。

我們看到他短暫地與年邁的雙親共處，但顯然有意與父母割離。我們依此可以推斷，知識分子由於按照不同的正規生活，所以並沒有故事，有的只是一種招致不安穩的效應（destabilizing effect）；他掀天動地，震撼人們，卻無法以他的背景或交友來完全解釋清楚。

屠格涅夫本人其實不談這一點：他讓整件事在我們眼前發生，彷彿說知識分子不只是與父母兒女區隔的人，而且他的人生模式、介入人生的程序必然是暗示性的，只能以一串不連續的表現寫實地再現。阿多諾的《最低限度的道德》似乎依循同樣的邏輯——雖然寫於奧許維茲集中營（Auschwitz）、廣島、冷戰、美國勝利之後，然而相較於一百年前屠格涅夫筆下的巴扎洛夫，在誠實地再現知識分子這件事上則曲折蜿蜒得多。

阿多諾把知識分子再現成永恆的流亡者，以同樣的靈巧來迴避新與舊，其再現的核心在於寫作風格——極端講究且精雕細琢。最大的特色是片斷、突兀、不連貫，沒有情節或預定的秩序。代表了知識分子的意識在任何地方都不能平靜，一直防範著來自成功的奉承、誘惑，這對有悖常情的阿多諾來說，意味著有意嘗試**不輕易**、立即為人所了解。另一方面，也不可能撤退到完全私己的領域，因為就像阿多諾晚期所說的，知識分子的希望不是對世界有影響，而是某天、

某地、某人能完全了解他寫作的原意。

其中一個片段——《最低限度的道德》第十八節——完美地掌握了流亡者的意義。阿多諾說：「嚴格說來，居住在當今是不可能的。我們以往成長的傳統居所已經變得令人難以忍受：現在每一個舒適的特點都以背叛知識為代價，每一個庇護的遺跡都以家庭興趣陳腐的契約為代價。」這是在納粹主義之前成長的戰前人們的生活。至於社會主義和美國的消費主義也沒有更好：在那裡，「人們不是住在貧民窟，就是住在小屋，到第二天可能就變成茅舍、拖車、汽車、營地或露天。」因此，阿多諾指陳：「房屋已經過去了。……面對這一切時，最好的行為模式似乎依然是未定的、虛懸的一種。……**在自己家中沒有如歸的安適自在之感，這是道德的一部分。**」

然而，阿多諾剛得到一個明確的結論，便立即加以反轉：「但是，這個弔詭的命題（thesis）導向毀滅，無情無愛地漠視事物必然也不利於人們；反面命題（antithesis）一旦說出，對於那些內疚地想維持自己既有事物的人來說，就成了一種意識形態。錯誤的生命無法正確地生活。」[9]

---

9 阿多諾，《最低限度的道德：殘生省思》（*Minima Moralia: Reflections from Damaged Life*, trans. E. F. N. Jephcott [London: New Left Books, 1951]），頁38-39。

　　換言之，即使對於嘗試維持虛懸狀態的流亡者，也沒有真正的逃脫之道，因為處於兩者之間的狀態（state of in-betweenness）本身可以成為一個嚴苛的意識形態立場，一種居所（這種居所的虛假在時間中被掩蓋），而人太容易就對這些習以為常了。但是，阿多諾繼續追逼：「懷疑的探究總是有益的」，涉及知識分子的寫作時尤其如此。「對於一個不再有故鄉的人來說，寫作成為居住之地」，即使如此，阿多諾最後提到不得鬆懈對於自我分析的嚴苛：

　　要求一個人堅強起來對抗自憐，暗示著在技術上必須以全然的警覺去對抗任何知識張力的鬆懈，並消除開始使作品［或寫作］僵化或怠惰地隨波逐流的任何事物，這些事物在早期也許像閒話一樣會產生有利於成長的溫暖氣氛，但現在則被擱在後面，乏味且陳腐。結果，作者不被允許在他的作品中存活。[10]

　　這是典型的憂鬱和不屈。自己的作品能提供某種滿足、一種另類的生活方式，可能使人從全無「居所」的焦慮和邊緣感中得到些許短暫的舒緩；但是流亡的知識分子阿多諾諷

---

[10] 前引書，頁87。

刺上述的觀念。阿多諾所未言及的則是流亡的樂趣，流亡有時可以提供的不同生活安排，以及觀看事物的奇異角度；這些使得知識分子的行業有生氣，但未必減輕每一種焦慮或苦澀的孤寂感。流亡這種狀態把知識分子刻畫成處於特權、權力、如歸感這種安適自在之外的邊緣人物——這種說法是真確的。然而，也有必要強調那種狀態帶有某種報償，是的，甚至帶有特權。因此，雖然知識分子並未獲獎，也沒被歡迎進入自吹自擂的菁英聯誼會（這些團體的慣例就是排除不守行規、令人尷尬的惹是生非者），卻同時從流亡與邊緣性中得到一些正面的事物。

　　當然，其中的樂趣之一就是驚奇，任何事情都不視為理所當然，學習處置讓大多數人迷惑或恐懼的不安穩狀況。知識分子基本上關切的是知識和自由。但是，知識和自由之所以具有意義，並不是以抽象的方式（如「必須有良好教育才能享受美好人生」這種很陳腐的說法），而是以真正的體驗。知識分子有如遭遇海難的人，學著如何**與**土地生活，而不是**靠**土地生活；不像魯濱遜（Robinson Crusoe）那樣把殖民自己所在的小島當成目標，而像馬可波羅（Marco Polo, 1254-1324）那樣一直懷有驚奇感，一直是個旅行者、過客，而不是寄生者、征服者或掠奪者。

　　因為流亡者同時以拋在背後的事物以及此時此地的實況

這兩種方式來看事情，所以有著雙重視角（double perspective），從不以孤立的方式來看事情。新國度的一情一景必然引他聯想到舊國度的一情一景。就知識上而言，這意味著一種觀念或經驗總是對照著另一種觀念或經驗，因而使得二者有時以新穎、不可預測的方式出現：從這種並置中，得到更好、甚至更普遍的有關如何思考的看法，譬如藉著比較兩個不同的情境，去思考有關人權的議題。我覺得大多數西方有關伊斯蘭教基本教義派的危言聳聽、嚴重缺失的討論，在知識上之所以惹人反感，正是因為沒有和猶太教或基督教的基本教義派相比，就我個人在中東的經驗，這兩種基本教義派都同樣盛行，而且應該受到叱責。通常被想成是對公認敵人的簡單評斷的問題，在以雙重或流亡的視角來看時，迫使西方知識分子看向一個遠為寬廣的景象，因為現在所要求的是以世俗主義者（secularist）或非世俗主義者的立場來看**所有**神權政治的傾向，而不只是面對慣常指定的對象。

　　知識分子流亡的立足點第二個有利之處，就是比較能不只看事物的現狀，而能看出前因。視情境為機緣的（contingent），而不是不可避免的；視情境為人們一連串歷史選擇的結果，是人類造成的社會事實，而不是自然的或神賦的（因而是不能改變的、永恆的、不可逆轉的）。

　　這種知識立場的偉大原型就是十八世紀的義大利哲學家

維科（Giambattista Vico, 1668-1744），長久以來他一直是我心目中的英雄。維科的偉大發現就是：了解社會現實的適當方式，就是把它當成由源點產生的一個過程，而這個源點總是可以置於極卑微的環境（他的這項偉大發現部分來自身為沒沒無聞的那不勒斯教授的寂寞，與教會和周遭的環境不合，本人幾乎難以倖存）。他在鉅著《新科學》（*The New Science*）中說，這意味著把事物看成自固定的源始演化而來，如同成人自嬰兒演化而來。

維科主張，這是對於世俗世界所能採取的唯一觀點；他一再重申這是歷史的，具有一己的法則和程序，而不是神定的。這需要的是對於人類社會的尊敬，而不是敬畏。在觀看最具權勢者時，觀看其源始和可能的去處；不為尊貴的人物或宏偉的機構嚇得瞠目結舌、卑躬屈膝——而當地人則一直看見（因而尊崇）其高貴顯赫，卻看不出其來自必然較卑微的**人類的**源頭。流亡的知識分子必然是反諷的、懷疑的、甚至玩世不恭的——但卻非犬儒的。

最後，任何真正的流亡者都會證實，一旦離開自己的家園，不管最後落腳何方，都無法只是單純地接受人生，只是成為新地方的另一個公民。或者即使如此，在這種努力中也很局促不安，看來幾乎不值得。你會花很多時間懊悔自己失去的事物，羨慕周圍那些一直待在家鄉的人，因為他們能

接近自己所喜愛的人，生活在出生、成長的地方，不但不必去經歷失落曾經擁有的事物，更不必去體驗無法返回過去生活的那種折磨人的回憶。另一方面，正如德國詩人里爾克（Rainer Maria Rilke, 1875-1926）曾說的，你可以成為自己環境中的初學者，這讓你有一個不合流俗的生活方式，尤其一個不同的、經常是很奇特的生涯。

　　對於知識分子來說，流離失所意味著從尋常生涯中解放出來；在尋常生涯中，「做好」（"doing well"）和跟隨傳統的步伐是主要的里程碑。流亡意味著將永遠成為邊緣人，而身為知識分子的所作所為必須是自創的，因為不能跟隨別人規定的路線。如果在體驗那個命運時，能不把它當成剝奪或要哀嘆的事物，而是當成一種自由，一種依自己模式來做事的發現過程，隨著吸引你注意的各種興趣、隨著自己決定的特定目標所指引，那就成為獨一無二的樂趣。你可以在詹姆斯的心路歷程中看到這一點；此人是千里達的散文家和歷史學家，在兩次世界大戰之間以板球球員的身分來到英國。他的知性自傳《跨越界線》（*Beyond a Boundary*）訴說他的板球生涯以及板球在殖民主義中的情形。其他作品包括了《黑人極端激進分子》（*The Black Jacobins*），此書描寫十八世紀末由圖森—路維杜爾（Pierre Dominique Toussaint-L'Ouverture, 1743?-1803）領導海地黑奴反抗的轟轟烈烈的歷史。詹姆斯

在美洲以演說家和政治組織者的姿態出現，寫了一本研究梅爾維爾（Herman Melville, 1819-1891）的專著《水手‧叛徒‧流浪者》（*Mariners, Renegades, and Castaways*）、許多討論泛非洲主義（pan-Africanism）的作品，以及數十篇討論通俗文化和文學的論文。[11]這種奇異的、不定的歷程，迥異於我們今天所稱的固定職業生涯，但其中蘊涵多麼生氣勃勃、無休無止的自我發現。

　　我們之中的大多數人可能無法重複像阿多諾或詹姆斯那樣的流亡者命運，但他們對當代知識分子卻意義重大。對於受到調和適應、唯唯諾諾、安然定居的獎賞所誘惑甚至圍困、壓制的知識分子而言，流亡者是一種模式。即使不是真正的移民或放逐，仍可能具有移民或放逐者的思維方式，面對阻礙卻依然去想像、探索，總是能離開中央集權的權威，走向邊緣——在邊緣你可以看到一些事物，而這些是足跡從未越過傳統與舒適範圍的心靈通常所失去的。

　　邊緣的狀態也許看起來不負責或輕率。卻能使人解放出來，不再總是小心翼翼行事、害怕攪亂計畫、擔心使同一集

---

11 譯註：圖森—路維杜爾是海地革命領袖，為黑人奴隸，領導黑人反抗（1791），宣布海地自治（1801），任終身執政，後為法國殖民主義者誘捕（1802），死於法國獄中；梅爾維爾是十九世紀美國文藝復興時期的代表作家之一，著有《白鯨記》（*Moby Dick*）等書。

團的成員不悅。當然，沒有人能擺脫牽絆和情感，而且我在這裡所想的也不是所謂的漂泊不定的知識分子（free-floating intellectual），其技術能力完全待價而沽。相反地，我說的是：知識分子若要像真正的流亡者那樣具有邊緣性、不被馴化，就得要有不同於尋常的回應：回應的對象是旅人過客，而不是有權有勢者；是暫時的、有風險的事，而不是習以為常的事；是創新、實驗，而不是以威權方式所賦予的**現狀**。**流亡的**知識分子（*exilic* intellectual）回應的不是慣常的邏輯，而是大膽無畏；代表著改變、前進，而不是故步自封。

第四章

專業人與業餘者

1979年，多才多藝、足智多謀的法國知識分子德布雷（Regis Debray）出版了一本對於法國文化生活的深入研究，書名為《教師・作家・名流：近代法國知識分子》。[1] 德布雷本人一度是十分活躍的左翼分子，1958年古巴革命後不久在哈瓦那大學任教。幾年後，玻利維亞當局因為他與格瓦拉（Che Guevara, 1928-1967）[2] 的關係，判他三十年的刑期，

---

[1] 德布雷，《教師・作家・名流：近代法國知識分子》（*Teachers, Writers, Celebrities: The Intellectuals of Modern France*, trans. David Macey [London: New Left Books, 1981]）。

[2] 譯註：格瓦拉是出生於阿根廷的古巴革命領袖之一，卡斯楚（Fidel Castro, 1927- ）的得力助手、游擊戰專家，曾在古巴新政府擔任要職（1959-1965），後來到薩伊、玻利維亞開展游擊戰，受傷被俘，遇害。

但只服刑三年。德布雷回到法國之後，成為半學術的政治分析家，後來成為密特朗總統（François Mitterrand, 1916-1996）的顧問。這種獨特際遇使他得以了解知識分子和機構之間的關係；此一關係從來不是固定的，總是在演變中，其複雜性有時令人吃驚。

　　德布雷書中的論點就是，在1880到1930年之間，法國的知識分子主要與巴黎索邦大學（the Sorbonne）有關；他們是來自教會和拿破崙式獨裁政治的世俗避難者，在實驗室、圖書館和教室中以教授的名義受到保護，得以在知識上做出重要貢獻。1930年之後，巴黎大學的權威逐漸讓給了像是法國新評論（the Nouvelle Revue Française）這類新出版社。根據德布雷的說法，由知識階層和他們的編輯構成的「精神家族」（"the spiritual family"）在這裡得到更佳的庇護。直到1960年左右，沙特、波娃、卡繆、莫里亞克（Claude Mauriac, 1914-1996）、紀德（André Gide, 1869-1951）、馬爾羅之流的作家成為取代了教授的知識分子，[3] 原因在於他們作品的自由放任，他們對於自由的信條，以及他們的論述「介於在那之前

---

3 譯註：莫里亞克是法國文學評論家、小說家、「新小說」理論家；紀德是法國作家，1947年諾貝爾文學獎得主；馬爾羅是法國作家，曾任文化部長（1958-1968）。

教會的莊嚴肅穆以及之後廣告的譁眾取寵之間」。[4]

大約在 1968 年，知識分子大都捨棄了出版社的守護，成群結隊走向大眾媒體——成為新聞從業人員、脫口秀的來賓和主持人、顧問、經理等等。他們不但擁有廣大的閱聽大眾，而且他們身為知識分子畢生的工作都仰賴閱聽大眾，仰賴沒有面目的消費大眾這些「他者」所給予的讚賞或漠視。「大眾媒體藉著擴大接受的領域，降低了知識分子合法性的來源，以更寬廣的同心圓——那些要求較不嚴苛、因而更容易攫取的同心圓——包圍了職業的知識分子，而以往職業的知識分子是正統的合法性的來源。……大眾媒體已經打破了傳統知識階層的封閉，以及傳統知識階層的評價規範和價值標準。」[5]

德布雷描述的幾乎完全是法國當地的情境，是拿破崙以來那個社會中的世俗勢力與帝國、教會勢力鬥爭的結果。因此他所描寫的法國景象很不可能出現在其他國家。以英國為例，第二次世界大戰之前的主要大學幾乎無法以德布雷的方式來描述。即使牛津和劍橋的教師在大眾領域主要也不是以法國式的知識分子為人所知；雖然在兩次世界大戰之間英國

---

[4] 德布雷，前引書，頁71。

[5] 前引書，頁81。

的出版社強大且具影響力，但出版社和旗下的作家並未形成
德布雷所說的那種法國的精神家族。然而，德布雷的一般論
點卻是成立的：成群的知識分子與機構結盟，並從那些機構
中得到權力和權威。這些有機的知識分子隨著機構的興衰而
興衰──此處「有機的知識分子」一詞係套用葛蘭西的用語。

　　然而問題依舊存在：獨立、自主的知識分子，不依賴、
因而不受制於附屬機構的知識分子，是不是或可不可能存
在（這些機構包括付他們薪水的大學，要求忠於黨的路線的
政黨，以及智庫──這些智庫儘管提供研究的自由，卻可能
以更微妙的方式來妥協其判斷、限制其批評的聲音）？德布
雷暗示，知識分子的圈子一旦超出了成分類似的知識分子群
──換言之，當取悅閱聽大眾或雇主取代了依賴其他知識分
子的辯論和判斷時──知識分子這一行不是被廢掉，就是必
然受到約束。

　　我們再度回到我的主題：知識分子的代表。我們想到個
人的知識分子時──我在這裡的主要關懷是個人──究竟強
調的是描繪此人的個性，還是把焦點放在此人身為一分子的
團體或階級？這個問題的答案顯然影響我們期盼於知識分子
對我們的說法：我們聽到或讀到的是獨立的看法，還是代表
一個政府、一個有組織的政治理念、一個遊說團體？十九世
紀對於知識分子的代表傾向於強調個性，知識分子經常像屠

格涅夫的巴扎洛夫或喬伊斯的戴德勒斯那樣，是個獨立、孤高的人，根本不順服社會，因而是完全自外於社會定見的叛徒。二十世紀愈來愈多的人士屬於所謂知識分子或知識階層的團體（經理、教授、新聞從業人員、電腦或政府專家、遊說者、權威人士、多家報刊同時刊載的專欄作家、以提供意見受薪的顧問），不由得使人懷疑作為獨立聲音的個人知識分子根本不能存在。

這是一個極重要的問題，必須以兼顧現實與理想的方式，而非犬儒的方式，來探究。王爾德說，犬儒者知道每件事的價錢，卻連一件事的價值都不知道。僅僅因為知識分子在大學或為報紙工作謀生，就指控他們全部是出賣者，這種指控是粗糙、終致無意義的。「世界太腐敗了，每個人到頭來都屈服於金錢」，這種說法是不分青紅皂白的犬儒式說法。另一方面，把個人的知識分子當成完美的理想，像是身穿閃亮盔甲的武士，純潔、高貴得不容懷疑會受到任何物質利益的誘惑，這種想法也同樣草率。沒有人通得過這種考驗，即使喬伊斯的戴德勒斯如此純潔、極端理想派，最終還是力不從心，甚至更糟的是，只得噤聲不語。

其實，知識分子既不該是沒有爭議的、安全的角色，以致只是成為友善的技術人員，也不該試著成為專職的卡桑德拉（Cassandra，希臘神話中的女先知，雖能預言卻不見信於

人），不但正直得令人不悅，而且無人理睬。每個人都受到社會的約束——不管社會如何自由開放，不管個人如何放蕩不羈。在任何情況下，知識分子都該為人所聽聞，實際上應該激起辯論，可能的話更要挑起爭議。但其他的選擇卻不是完全的靜止或完全的反叛。

在雷根政權沒落之時，一位名叫賈克比（Russell Jacoby）的不滿的美國左翼知識分子出版了一本書，激起很多的討論，其中多為贊同之詞。此書書名為《最後的知識分子》，主張的是下述無懈可擊的論點：在美國「非學院的知識分子」（"the non-academic intellectual"）已經完全消失了，取而代之的是一整群怯懦、滿口術語的大學教授，而社會上沒有人很重視這些人的意見。[6]賈克比心目中往昔知識分子的典型，本世紀早期大都居住在格林威治村（相當於法國巴黎的拉丁區），通稱為紐約知識分子。這些人大都是猶太裔、左翼（但大都反共），以筆耕為生。早一代的人物包括威爾森、傑珂布絲、孟福德、麥克堂納（Edmund Wilson, Jane Jacobs, Lewis Mumford, Dwight McDonald）；稍晚則有勒夫、凱辛、侯爾、桑塔格、貝爾、巴瑞特、崔靈（Philip Rahv,

---

6 賈克比，《最後的知識分子：學院時代的美國文化》（*The Last Intellectuals: American Culture in the Age of Academe* [New York: Basic Books, 1987]）。

Alfred Kazin, Irving Howe, Susan Sontag, Daniel Bell, William Barrett, Lionel Trilling）。根據賈克比的說法，類似的人物已經被各式各樣戰後的社會和政治力量消除殆盡：逃向郊區（賈克比的論點為知識分子是都市的生物）；垮掉的一代（the Beat generation）的不負責任，率先提出退出及逃避人生中的指定崗位的觀念；大學的擴張；以往的美國獨立左派逐步流入校園。

　　結果今天的知識分子很可能成為關在小房間裡的文學教授，有著安穩的收入，卻沒有興趣與課堂外的世界打交道。賈克比聲稱，這些人的文筆深奧難懂、不知節制，主要是為了學術的晉升，而不是促成社會的改變。同時，所謂新保守主義運動的興起（這些知識分子在雷根主政期間變得顯眼，但許多以往是左翼的獨立知識分子，如社會評論家克理斯朵〔Irving Kristol〕和哲學家胡克〔Sidney Hook〕），創立了一批新雜誌，公然主張反動或至少是保守的社會進程——賈克比特別提到極右派的季刊《新標準》（*The New Criterion*）。賈克比說，這些勢力在當時和現在都殷勤討好年輕作家、有潛力的知識分子領袖，因為這些人能自老一輩手中接棒。《紐約書評》（*The New York Review of Books*）是美國最具聲望的知識性自由主義刊物，以往率先刊登激進新作家的大膽觀念，現在卻「紀錄可悲」，在其逐漸老邁的親英國作風中，類似「牛

津茶,而不像紐約熟食」。賈克比如此結論:《紐約書評》
「從未培育或注意年輕一點的美國知識分子。過去二十五年
來,它只從文化銀行中提款,而未作任何投資。今天的運作
必須仰賴進口的知識資本,主要來自英國」。這一切部分是
因為「關閉了舊有的都市及文化中心,而不是暫時歇業」。[7]

賈克比再三回到他對於知識分子的觀念:「不對任何人
負責的堅定獨立的靈魂。」他說,現在類似那一代的知識分
子已不復存在,取而代之的是一些沉默寡言、無法了解的課
堂內的技術人員。這些人由委員會雇用,急於取悅各式各樣
的贊助者和部門,披掛著學術證件和社會權威,然而這種社
會權威並未促成辯論,只是建立聲譽和嚇唬外行人。這是個
很悲慘的景象,但正確嗎?有關知識分子消失的原因,賈克
比的說法正確嗎?我們能不能提供更正確的診斷?

首先,我認為責難大學,甚至責難美國,是錯誤的。第
二次世界大戰之後不久,法國有一短暫時期出現了少數特立
獨行的知識分子,如沙特、卡繆、阿宏(Raymond Aron,
1905-1983)、波娃,似乎代表了古典觀念——未必是實際情
形——的知識分子,繼承了偉大的(但不幸卻經常是神話的)
十九世紀原型,如勒南和洪保特(Wilhelm von Humboldt,

---

[7] 前引書,頁219-20。

1767-1835）。[8]但賈克比沒有談論的是，二十世紀知識分子的主要關懷不只是公共的辯論和升高的爭議（這些是班達的主張，而可能由羅素和幾位波西米亞式的紐約知識分子所示範），也包括了批評和解咒，揭穿假先知並戳破古老的傳統和神聖的名字。

此外，身為知識分子未必就與學院人士或鋼琴家的身分不一致。傑出的加拿大鋼琴家顧爾德（Glenn Gould, 1932-1982）在整個演奏生涯中與許多大公司簽有錄音合約，但這並不妨礙他成為反偶像崇拜的古典音樂重新詮釋者和評論者，對於演奏本身和評斷演奏的方式產生巨大的影響。[9]同理，學院中的知識分子，比方說歷史學家，完全重新塑造了歷史的書寫、傳統的穩定性、語言在社會中的角色等觀念。我們想到的是英國的霍布斯邦（Eric J. Hobsbawm）和湯普森（E. P. Thompson）或美國的懷特（Hayden White）。[10]雖然他

---

8 譯註：洪保特是德國語言學家、教育改革家，曾任普魯士教育大臣。

9 譯註：顧爾德重視音樂的知性主義，擅長曲目為結構性強的巴哈、貝多芬、布拉姆斯等，是薩依德心儀的音樂家，曾撰寫數篇文章討論，可參閱《音樂的極境》（*Music at the Limits* [New York: Columbia University Press, 2008]），本書有中譯本（彭淮棟譯；台北：太陽社，2009年）。

10 譯註：霍布斯邦（1917-）出生於埃及亞歷山大，是英國著名的馬派歷史學家；終身以猶太知識分子自居，以馬克思主義櫫的理想自期，是以「人民的史家」享譽國際的世界史大師。霍氏著作甚豐，先後計

們的作品大都在學院內產生、培育，卻在學院外廣為流傳。

　　至於說美國特別使知識分子的生活變質，這種指責也有爭議，因為今天舉目四望，即使在法國知識分子都不再是波西米亞人或咖啡館裡的哲學家，而已經成為另一種很不同的人物，代表著許多不同種類的關懷，以很不同、劇變的方式來代表。我在本系列演講中一直主張，知識分子代表的不是塑像般的圖像，而是一項個人的行業，一種能量，一股頑強的力量，以語言和社會中明確、獻身的聲音，針對諸多議題加以討論，所有這些到頭來都與啟蒙和解放或自由有關。今天對於知識分子特別的威脅，不論在西方或非西方世界，都不是來自學院、郊區，也不是新聞業和出版業驚人的商業化，而是我所稱的專業態度。我所說的「專業」意指把自己身為知識分子的工作當成為稻粱謀，朝九晚五，一眼盯著時

　　有十四部以上專書問世，其十九世紀三部曲《革命的年代》（*The Age of Revolution*）、《資本的年代》（*The Age of Capital*）、《帝國的年代》（*The Age of Empire*）、二十世紀終極論述《極端的年代》（*The Age of Extremes*），以及《民族與民族主義》（*Nations and Nationalism since 1780*）等書有中譯本（台北：麥田出版，1996、1997年）；湯普森（1924-1993）是英國歷史學家，文化研究的創始人之一，著作《英國工人階級的形成》（*The Making of the English Working Class*）有中譯本（賈士蘅譯；台北：麥田出版，2001年）；懷特（1928-）是美國歷史學家，主張後設歷史（metahistory），著重歷史文本的敘事性與虛構性，著作《史元》（*Metahistory*）有中譯本（劉世安譯；台北：麥田出版，1999年）。

鐘，一眼留意什麼才是適當、專業的行徑——不破壞團體，不逾越公認的典範或限制，促銷自己，尤其是使自己有市場性，因而是沒有爭議的、不具政治性的、「客觀的」。

讓我們回到沙特。就在似乎倡議人能自由選擇命運時，沙特也說到情境（situation）——這是他最喜好的字眼之一——可能妨礙完全運用那種自由。然而，沙特又說，環境和情境單方面決定作家或知識分子，這種說法是錯誤的，應該說二者之間不斷往返。沙特於1947年出版的知識分子信條——《文學是什麼？》（*What Is Literature?*）——中使用的字眼是**作家**，而不是「知識分子」，但所說的顯然是知識分子在社會中的角色，如下段文字所示：

> 首先，我是一位作家，以我的自由意志寫作。但緊隨而來的則是我是別人心目中的作家，也就是說，必須回應某個要求，賦予某種社會作用，不管他要玩什麼遊戲，必須根據別人對他的再現／看法而來。他也許要修正在特定社會中別人對於作家［或知識分子］所賦予的性格；但是為了改變這種性格，他必先悄然進入其中。因此，公眾介入其間，帶著公眾的習俗、世界觀、社會觀和那個社會中的文學觀。公眾包圍作家，把他團團圍住，而公眾迫切或詭祕的要求，其拒絕和逃避，都是既

有的事實，而作品就是根據這些事實才能建構出來。[11]

　　沙特並不是說知識分子類似離群索居的哲學家—國王，因而應該受到大家的崇敬、加以理想化。相反地——而這一點可能是當代哀嘆知識分子已經消失的人所未掌握到的——知識分子不但一直受制於社會的要求，而且作為特定團體的成員，在知識分子的地位上也受到很大的修正。在認定知識分子應該擁有自主權，或在社會中對於道德和心靈生活應該擁有不受限制的權威時，批評當代情景的人只是拒絕去看在知識分子的自我代表（self-representation）上已經產生激烈改變的情況下，有多少氣力用在抗拒甚至攻擊晚近的權威。

　　今天的社會依然把作家團團圍住，其方式有時是以獎賞和報酬，經常是以完全貶低或取笑知識分子的工作，更常常是說真正的知識分子應該只是其領域中的專業人士。我不記得沙特曾經說過知識分子必然應該待在大學之外；他的確說過知識分子在被社會包圍、勸誘、圍困、威嚇，要求成為這樣或那樣時，更成其為知識分子，因為唯有在那時和那個基礎上，才能建構出知識分子的工作。1964年他拒領諾貝爾

---

11 沙特，《文學是什麼？及其他論文》（*What Is Literature? And Other Essays* [Cambridge, Mass.: Harvard University Press, 1988]），頁77-78。

獎，正是根據自己的原則行事。

今天這些壓力是什麼？這些壓力如何符合我所說的專業性？我要討論的是我心目中挑戰著知識分子的誠信和意志的四種壓力，其中任何一種都不是某個社會所獨有的。儘管這些壓力普遍可見，但都可以用我所謂的業餘性（amateurism）來對抗。而所謂的業餘性就是，不為利益或獎賞所動，只是為了喜愛和不可抹煞的興趣，而這些喜愛與興趣在於更遠大的景象、越過界線和障礙、拒絕被某個專長所束縛、不顧一個行業的限制而喜好眾多的觀念和價值。

這些壓力中的第一個就是專業化。今天在教育體系中爬得愈高，愈受限於相當狹隘的知識領域。當然，沒有人會反對專業能力，但如果它使人昧於個人直接領域——比方說，早期維多利亞時代的情詩——之外的任何事情，並為了一套權威和經典的觀念而犧牲一己廣泛的文化時，那麼那種能力就得不償失。

例如，在研究文學時——文學是我的特別興趣——專業化意味著愈來愈多技術上的形式主義，以及愈來愈少的歷史意識（知道在創作文學作品時真正進入其中的真實經驗）。專業化意味著昧於建構藝術或知識的原初努力；結果就是無法把知識和藝術視為抉擇和決定，獻身和聯合，而只以冷漠的理論或方法論來看待。成為文學專家也常意味著把歷史、

音樂或政治排除在外。到頭來，身為完全專業化的文學知識分子變得溫馴，接受該領域的所謂領導人物所允許的任何事。專業化也戕害了興奮感和發現感，而這兩種感受都是知識分子性格中不可或缺的。總之，我一向覺得，陷入專業化就是怠惰，到頭來照別人的吩咐行事，因為聽命於人終究成為你的專長。

如果專業化是各地所有教育體系中存在的一種廣泛的工具性壓力，那麼專業知識和崇拜合格專家的作法則是戰後世界中更特殊的壓力。要成為專家就得有適當的權威證明為合格；這些權威指導你說正確的語言，引用正確的權威，限制正確的領域，尤其在敏感、有利可圖的知識領域受到威脅時更是如此。近來有許多有關所謂「政治正確性」（"political correctness"）的討論，人們把這個陰險狡詐的用語套在學院裡的人文學者身上，批評這些人不獨立思考，而是依循一小撮左派所建立的正規來思考；這些正規被認為是對種族歧視、性別歧視諸如此類的事過於敏感，而不允許人們以「開放」的方式去辯論。

真相是：反對政治正確性運動的人士，主要是各式各樣的保守分子和其他提倡家庭價值的人。雖然他們所說的某些事確有些許可取之處——尤其注意到那些不加思索的偽善言詞所表現出的有口無心——但他們的運動完全忽略了在涉

及軍事、國家安全、外交和經濟政策時驚人的一致性和政治正確性。例如，就在戰後的那幾年，一涉及蘇聯就得毫不懷疑地接受冷戰的先決條件：蘇聯是全然的邪惡諸如此類的事。有更長一段時間，大約從1940年代中期一直到1970年代中期，美國的官方觀念主張在第三世界的自由就只意味脫離共產黨——這種觀念幾乎毫未受到挑戰地主宰著大家的思維；隨之而來的則是一大群一大群的社會學家、人類學家、政治學家、經濟學家無休無止地闡揚的觀念：「發展」（"development"）不涉及意識形態，是來自西方的，並包含了經濟起飛、現代化、反共以及某些政治領袖熱中於和美國正式結盟。

對於美國及其一些盟邦（如英國、法國）而言，這些有關國防和安全的看法經常意味著追隨帝國式的政策，其中，反暴動和全然反對本土的民族主義（一同被視為倒向共產主義和蘇聯）帶來了巨大的災難，這些災難的形式是代價高昂的戰爭和侵略（如越南），間接支持侵略和屠殺（如西方的盟邦印尼、薩爾瓦多、以色列的所作所為），出現經濟離奇扭曲的附屬政權。不同意這一切就等於妨礙控制下的專業知識市場，而這個市場的目的是要符合並促進國家的努力。例如，如果你不是美國學院訓練出來的政治學者、以健康的心態尊敬發展理論和國家安全，就沒有人會聽你的，在某些情

況下不許你發言,而挑戰你的理由是你不具備專業知識。

　　因為嚴格說來,「專長」到頭來幾乎和知識不相干。喬姆斯基對於越戰施壓的一些材料,在見解和正確性上遠高於合格專家的類似著作。但是,喬姆斯基逾越了儀式性的愛國觀念——那包括了下列的觀念:「我們」是來協助我們的盟邦;「我們」捍衛自由,防止莫斯科或北京所鼓動的接管——並呈現掌控美國行為的真正動機;而那些合格的專家,希望被國務院諮詢或在國務院發言的人,或為蘭德公司(Rand Corporation)工作的人,根本不誤闖那個領域。[12]喬姆斯基說過一個故事:身為語言學家的他應數學家之邀去談論他的理論,經常有人表示尊敬及興趣,儘管他對於數學的行話相當無知;但是當他試著從反對立場去呈現美國的外交政策時,一些公認的外交政策專家嘗試阻止他發言,理由就是他並非合格的外交政策專家。對於他的論點幾乎連爭辯都不爭辯,只說他處於可接受的辯論或共識之外。

　　專業化的第三個壓力就是其追隨者無可避免地流向權力和權威,流向權力的要求和特權,流向被權力直接雇用。美國在與蘇聯競爭世界霸權時,國家安全的進程決定學術研究

---

12 譯註:蘭德公司位於美國加州聖塔莫尼卡,從事軍事策略與戰術研究,也對政府部門提供服務,為一非營利機構,透過研究、分析以提升公共政策水準,尤以研究國防政策和社會政策著稱。

的優先順序及心態，其程度之深簡直嚇人。類似情況也出現在蘇聯，但在西方沒有人對於**那裡**的自由探索存有任何幻想。我們現在才剛開始意識到其所代表的意義——美國國務院和國防部對於大學的科技研究提供的金錢超過任何單一的捐獻者：對於麻省理工學院和史丹佛大學來說尤其如此，因為這兩所大學幾十年來從這兩個政府部門得到最多的補助。

同樣地，同時期美國政府為了相同的進程也資助大學的社會科學甚至人文學科的學系。當然，所有社會都有類似的情形，但值得注意的是，在美國一些反游擊戰研究的進行，是為了支持在第三世界——主要在東南亞、拉丁美洲、中東——的政策，這些研究直接應用於祕密行動、陰謀破壞，甚至公開的戰爭。有關道德和正義的問題遭到擱置，以便能履行合約，其中之一就是社會科學家自1964年開始為美國陸軍進行的惡名昭彰的卡美樂計畫（Project Camelot），研究的不僅是全世界不同社會的崩潰，也包括了如何防止崩潰。

不僅於此。美國公民社會（American civil society）的集中化力量，如民主黨或共和黨；工業或特殊利益的遊說，如軍火、石油和菸草集團所成立或維持的遊說團體；大型基金會：如洛克斐勒（Rockefeller）家族、福特（Ford）家族、美隆（Mellon）家族所建立的基金會——都雇用學院專家進行研究和計畫，以推展商業和政治的進程。這當然是一般認

為的自由市場體系正常運作的一部分，也發生於歐洲和遠東各地。從智庫能得到獎助和基金，休假及出版津貼，以及職業的晉升和承認。

有關體系的一切都是公開的，而且就像我所說的，根據競爭和市場反應的標準來說都是可以接受的；這些標準掌控了在自由、民主社會中先進的資本主義下的行為。然而我們花了很多時間來擔憂極權政府體系下對於思想和知識自由的箝制，但在考慮獎賞知識的統一性、獎賞樂於參與由政府（而不是科學）所建立的目標的這種體系對於個別知識分子的威脅時，卻未能同樣注意到枝微末節；因而研究和水準鑑定遭到控制，以便獲得並維持較大的市場佔有率。

換言之，個別和主觀的知識分子所代表的空間——他們所質疑和挑戰的包括戰爭的智慧，或獎賞合約、頒獎的巨大社會計畫——與一百年前相比已經巨幅縮減，因為一百年前戴德勒斯能說，自己身為知識分子的職責就是根本不服侍任何權力或權威。在此，我不要像某些人那樣主張我們應該回復到先前的時代，那時的大學並不那麼大，它們提供的機會不是那麼沒有節制；我認為那種主張過於感情用事。在我心目中，西方的大學，尤其在美國，依然能夠提供知識分子一個準烏托邦的空間（a quasi-utopian space），在其中能繼續進行省思與研究——雖然會處於新的限制和壓力之下。

因此，知識分子的問題是嘗試處理我所討論的現代專業化的衝擊，其方式不是假裝那些衝擊不存在或否認它們的影響力，而是再現另一套不同的價值和特有的權利。我把這些總結在**業餘**的名下，就字面而言，這類行為的動力來自關切和喜愛，而不是利益和自私、狹隘的專業化。

今天的知識分子應該是個業餘者，認為身為社會中思想和關切的一員，有權對於甚至最具技術性、專業化行動的核心提出道德的議題，因為這個行動涉及他的國家、國家的權力、國家與其公民和其他社會互動的模式。此外，身為業餘者的知識分子精神可以進入並轉換我們大多數人所經歷的僅僅為專業的例行作法，使其活潑、激進得多；不再做被認為是該做的事，而是能問為什麼做這件事，誰從中獲利，這件事如何能重新連接上個人的計畫和原創性的思想。

每個知識分子都有閱聽大眾和訴求對象。重點在於是否要去滿足群眾，因而使客戶高興；還是去挑戰群眾，因而激起直接的對立，或使群眾動員成為更民主的參與社會。但這兩個情況都無法迴避權威和權力，也無法迴避知識分子與權威、權力的關係。知識分子如何向權威發言：是要做專業性的懇求者，還是做不受獎賞的、業餘的良心？

第五章

對權勢說真話

　　我要繼續討論專業化和專業主義，以及知識分子如何面對權力和權威的問題。1960 年代中期，就在反越戰的聲浪高漲、遠播之前不久，哥倫比亞大學有位看來年紀稍長的大學生來找我，請我允許他修習一門有人數限制的專題研究課。他的說詞中提到自己是從戰場退伍的軍人，曾擔任空軍，於越南服役。我們交談時，他提供給我對於專業人士心態令人驚異的可怕看法——在這種情況下是一位資深的飛行人員。他對於自己工作所用的詞彙可以說是「內行話」（"Insidese"）。當時我一直追問他：「你在空軍究竟是做什麼的？」他的回答給我的震撼永生難忘：「目標搜尋。」我又花了好幾分鐘才弄清楚他是轟炸員，他的工作就是轟炸，但

他把這項工作套上了專業語言，而這種語言就某個意義而言是用來排除並混淆外行人更直接的探問。附帶一提的是，我收了這個學生──也許因為我認為這樣我就可以留意他，而且附帶的動機是說服他拋棄可怖的術語。這可是不折不扣的「目標搜尋」。

我認為，有些知識分子接近決策層次，並能掌管是否賦予工作、獎助、晉升的大權，這些知識分子更專一、持久地留意不符行規的個人，因為這些個人在上司眼中逐漸流露出爭議和不合作的作風。這當然是可以理解的，如果你要完成一件事──比方說，你和你的團隊要在下週提供國務院或外交部有關波士尼亞的政策報告──周圍需要的人必須是忠誠的、有著相同的假定、講著相同的語言。我一向覺得，對於代表此系列演講中所討論的那些事情的知識分子而言，處於那種專業位置，主要是服侍權勢並從中獲得獎賞，是根本無法運用批判和相當獨立的分析與判斷精神的；而這種精神在我看來卻應該是知識分子的貢獻。換言之，嚴格說來知識分子不是公務員或雇員，完全聽命於政府、集團，甚或志同道合的專業人士所組成的公會的政策目標。在這種情境下，摒棄個人的道德感、完全從專業的角度思考，或阻止懷疑而講求協同一致──這些大誘惑使人難以被信任。許多知識分子完全屈服於這些誘惑，而就某個程度而言，我們全都如此。

沒有人能全然自給自足，即使最崇高偉大的自由靈魂也做不到。

　　我先前即主張，要維持知識分子相對的獨立，就態度而言業餘者比專業人更好。但是，讓我暫且以實際的、個人的方式來談談。首先，業餘意味著選擇公共空間（public sphere）——在廣泛、無限流通的演講、書本、文章——中的風險和不確定的結果，而不是由專家和職業人士所控制的內行人的空間。過去兩年來，幾度有媒體邀請我擔任有給職的顧問，我都拒絕了，原因很簡單，因為這意味著受限於一家電視台或雜誌，也受限於那個管道通行的政治語言和觀念架構。同樣地，對於政府有給職的顧問我也從來沒有任何興趣，因為根本不知道他們日後會把你提供的見解做何用途。其次，直接收受酬勞來傳達知識和在大學公開演講，或應邀向不對外開放的官員的小圈子講話，三者很不同。那在我看來十分明顯，所以我一向樂於到大學演講，卻總是拒絕其他方式的邀請。第三，為了更介入政治，每當巴勒斯坦團體請我幫忙，或南非的大學邀我去訪問並發言反對種族隔離政策、支持學術自由，我都照例接受。

　　結果，打動我的是我能真正選擇支持的理念與觀念，因為它們符合我所相信的價值和原則。因此，我認為自己並不受限於文學方面的專業訓練，並不因為只有教授現代歐洲文

學和美國文學的正式資格而把自己排除於公共政策之外。我
所說、所寫的是更廣泛的事物，因為身為十足的業餘者，我
受到各式各樣的獻身的激勵，要跨越自己狹窄的專業生涯。
當然，我有意努力為這些觀點爭取新的、更多的聽眾，而這
些觀點是我在課堂上從不呈現的。

但是，這些對於公共領域的業餘式突襲究竟是怎麼一回
事？知識分子是受到原生的、在地的、直覺式的忠誠——種
族、人民、宗教——的激發而採取知識性的行動？還是有一
套更普遍、理性的原則能夠甚至實際掌控一個人說話和寫作
的方式？其實，我所問的是知識分子的基本問題：人如何訴
說真理？什麼真理？為了何人、何地？

不幸的是，我們必須以下列的回應開始：沒有任何系統
或方法是寬廣、肯定得足以提供知識分子對於上述問題的直
接答案。在世俗的世界裡——在我們的世界，經由人類的努
力所製造的歷史世界和社會世界裡——知識分子只能憑藉世
俗的工具；啟示和靈感在私人生活中作為理解的模式是完全
可行的，但在崇尚理論的人士使用起來卻成為災難，甚至是
野蠻的。的確，我甚至要說：知識分子必須終生與神聖靈視
（sacred vision）或文本的所有守護者爭辯，因為這些守護者
所造成的破壞不可勝數，而他們的重手不容許不同意見，當
然更不容許歧異。在意見與言論自由上毫不妥協，是世俗的

知識分子的主要堡壘：棄守此一堡壘或容忍其基礎被破壞，事實上就是背叛了知識分子的召喚。那也就是為什麼為魯西迪的《魔鬼詩篇》辯護一直都是如此絕對核心的議題，因為不只為了這件事本身，也為了所有其他對於新聞記者、小說家、散文家、詩人、歷史學家的言論權的侵犯。

　而且這不只是伊斯蘭教世界的議題，也是猶太教和基督教世界的議題。追求言論自由不可厚此薄彼，只注意一個區域，卻忽略另一個區域。因為對於宣稱具有世俗的權利去守護神聖旨意（divine decree）的權威而言，不管他們位於何處都沒有辯論可言；然而對於知識分子，嚴格、深入的辯論是活動的核心，也是那些沒有神聖啟示的知識分子真正的舞台和背景。但是，我們又回到這個難題：一個人應該保衛、支持、代表的是什麼樣的真理和原則？這不是彼拉多（Pontius Pilate, ?-36?）式的問題，遇到難題撒手不管，而是探索的必要開始——探索今天知識分子的立足之處，以及包圍他的是多麼詭譎、未加標示的雷區。[1]

　我們不妨以現在極具爭議性的有關客觀、正確或事實的

---

[1] 譯註：彼拉多是羅馬的猶太巡撫，主持對耶穌的審判。根據〈馬太福音〉記載，群眾要求把耶穌釘在十字架上，「彼拉多看那情形，知道再說也沒有用，反而可能激起暴動，就拿水在群眾面前洗手，說：『處死這個人的責任不由我負，你們承擔吧！』」（三十七章二十四節）

所有事情作為起點。1988年，美國歷史學家諾維克（Peter Novick）出版了一本鉅作，書名很具體有效地呈現了此一困境：《那個崇高的夢想》，副標題為「『客觀性問題』與美國的歷史行業」。諾維克取材自一個世紀以來美國的史學行業，顯示歷史探究的中心（歷史學家藉著客觀性的理想，掌握機會盡可能真實、正確地處理事實）如何逐漸演化為彼此競爭的說法此一困境，所有這些說法使得以往歷史學家對於客觀性的任何相似意見耗損得僅似一塊遮羞布，甚至經常連遮羞布還不如。在戰時，客觀性必須服務於「我們的」真理，也就是相對於法西斯式德國的美國的真理；在承平之時，則作為每個不同競爭團體（女人、非裔美國人、亞裔美國人、同性戀、白人等等）和每個學派（馬克思學派、體制、解構批評、文化研究）的客觀真理。諾維克問道，在各種知識眾說紛紜之後，還可能有什麼交集呢？他悲哀地結論：「作為廣大的論述團體，作為由共同目標、共同標準、共同目的所結合的學人團體，歷史這一行已經不復存在。……〔歷史〕教授就像〈士師記〉最後一句所描述的：『那時期，以色列還沒有君王；人人隨自己的意思行事。』」[2]

---

[2] 諾維克，《那個崇高的夢想：「客觀性問題」與美國的歷史行業》（*That Noble Dream: The "Objectivity Question" and the American Historical Profession* 〔Cambridge: Cambridge University Press, 1988〕），頁628。

我在前一講提到，我們這個世紀的主要知識活動之一就是質疑權威，更遑論削弱權威了。為了加強諾維克的研究發現，我們不得不說：不但對於什麼構成客觀現實的共識已經消失，而且許多傳統的權威，包括上帝在內，大體上也被掃除了。甚至有一派影響深遠的哲學家——傅柯在其中佔有很高的地位——主張，連談到作者（如「米爾頓［John Milton］詩篇的作者」）都是頗具偏見的誇大之詞，更別說是具有意識形態的誇大之詞了。

面對這種很可怕的攻擊，退回到束手無策或大力重申傳統價值（如全球新保守運動的特色）是不行的。我認為下列說法是真實的：對於客觀性和權威的批判的確產生了正面作用，因為它強調了在世俗世界中人類如何建構真理，例如所謂白人優越性的客觀真理，是由古典歐洲殖民帝國所建立和維持的，也賴於強力制服非洲和亞洲民族；同樣真實的是，這些民族對抗那種特定的強加在他們身上的「真理」，以提供自己獨立的秩序。因此，現在每個人都提出新穎而且經常是強烈對立的世界觀：人們不斷聽到談論猶太教—基督教的價值、非洲中心論的價值、伊斯蘭教真理、東方真理、西方真理，每一個都提供了完整的規畫，排除所有其他說法。現在海外各地存在著更多的不容忍和音調高亢的肯定，不是任何一個體系所能處理的。

　　因此，即使修辭中經常暗示「我們的」價值（不管那些價值恰好是什麼）其實是普遍的，但普遍的事物卻幾乎完全消失了。所有知識策略中最卑劣的就是自以為是地指責其他國家中的惡行，卻放過自己社會中的相同行徑。對我來說，相關的典型例子就是十九世紀的傑出法國知識分子托克維爾（Alexis de Tocqueville, 1805-1859），對於我們之中許多受教而相信古典自由主義和西方民主價值的人來說，他幾乎完全身體力行了那些價值觀。托克維爾在文章中評量了美國的民主並批判了美國虐待原住民和黑奴之後，在1830年代末期、1840年代面對了法國在阿爾及利亞的殖民政策：當時在比若（Thomas Robert Bugeaud, 1784-1849）的率領下，法國佔領軍對於阿爾及利亞的伊斯蘭教徒展開了一場野蠻的綏靖之戰。[3] 在閱讀托克維爾討論阿爾及利亞的著作時，他以人道方式抗議美國胡作非為的標準，在面對法國的行為時卻突告失效。他不是沒有提出理由；他提出了理由，但這些開脫之詞站不住腳，其目的只是為了以他所謂的國家尊嚴之名來縱容法國的殖民主義。屠殺絲毫未能改變他的心意；他說，伊斯蘭教屬於低劣的宗教，必須加以規訓。簡言之，即使他自己的國家（法國）在執行同樣不人道的政策時，他對於美國

---

[3] 譯註：比若是法國元帥，阿爾及利亞的征服者。

那套表面上看來適用於一切的說法卻被棄於不顧、任意地棄於不顧。[4]

　　然而必須補充的是，托克維爾生活的那個時代，國際行為的普遍規範這種觀念，其實意味著歐洲權勢以及歐洲代表其他人民的這些權利的盛行，而世界上白人之外的各個民族看來如此卑賤、次等──就此而言，穆勒（John Stuart Mill, 1806-1873）對於英國的民主自由發表了許多值得頌揚的觀念，但他明白表示這些觀念並不適用於印度。[5]此外，根據十九世紀的西方人看法，沒有夠分量的獨立非洲或亞洲民族來挑戰殖民軍隊單向地施加於黑種人或黃種人的法律之嚴酷蠻橫。他們的命運就是被統治。舉三位偉大的反帝國主義的黑人知識分子為例，法農、賽沙爾和詹姆斯生活和寫作的時代是在二十世紀，所以他們和所參與的解放運動在文化和政治上建立起被殖民者應享有平等待遇的權利，而這些卻是托克維爾和穆勒所無緣接觸的。這些改變的觀點卻是當代知識分子能接觸到的，但這些知識分子並未經常得到下列必然的結論：若要維護基本的人類正義，對象就必須是每個人，而不

---

[4] 有關此事之帝國脈絡的詳細討論，參閱我的《文化與帝國主義》（*Culture and Imperialism* [New York: Alfred A. Knopf, 1993]），頁169-90。

[5] 譯註：穆勒是十九世紀英國哲學家、經濟學家、實證論者和功利主義者，著有《論自由》（*On Liberty*）。

只是選擇性地適用於自己這一邊、自己的文化、自己的國家
認可的人。

　　因此，基本問題在於如何調和自己的認同和自己的文
化、社會、歷史的真實情況以及其他的認同、文化、民族的
現實。如果只是一味偏好已經是自己的東西，是永遠做不到
這一點的──大吹大擂「我們的」文化榮耀或「我們的」歷
史勝利是不值得知識分子花費氣力的，尤其在今天更是如
此，因為那麼多的社會由不同的種族和背景組成，以致無法
以任何化約的方式加以界定。正如我在此處所嘗試顯示的，
知識分子所代表的公共範圍是極端複雜的，包含了許多令人
不適的特色，但要有效介入那個範圍必須仰賴知識分子對於
正義與公平堅定不移的信念，能容許國家之間及個人之間的
歧異，而不委諸隱藏的階層、偏好、評價。今天，每人口中
說的都是人人平等、和諧的自由主義式的語言。知識分子的
難題就是把這些觀念應用於實際情境，在此情境中，平等與
正義的宣稱和令人難以領教的現實之間差距很大。

　　這在國際關係中最容易顯現，那也就是為什麼我在這些
演講中那麼強調國際關係。最近的幾個例子印證了我的想
法。就在伊拉克非法入侵科威特之後的那段時期，西方的公
共討論公允地集中於不能接受侵略行為，因為那種極端蠻橫
的行為旨在消滅科威特。等到美國的用意明朗化時（其實美

國是要以軍事力量對抗伊拉克），公眾的說法鼓勵聯合國所採取的程序，以確保根據聯合國憲章通過決議案，要求國際制裁，並可能以武力對抗伊拉克。有少數幾位知識分子既反對伊拉克入侵，也反對後來以美國為主力的沙漠風暴軍事行動（Operation Desert Storm），就我所知這些人中沒有一位提出任何證據或實際嘗試辯解伊拉克為何入侵。

　　但當時有人正確指出的就是，美國對抗伊拉克的事由被削弱許多，因為布希當局以強大力量迫使聯合國走向戰爭，而忽略了在1月15日開始行動之前，有許多可能以協商扭轉佔領情勢的機會，也拒絕討論聯合國其他涉及非法佔領及入侵領土的議案，因為這些案子關係到美國本身和親密的盟邦。當然，就美國而言，波斯灣的真正問題是石油和戰略力量，而不是布希當局所宣稱的原則，但當時全國知識分子的討論一再重複不允許單方以武力獲得土地，卻未談到普遍應用這個觀念，這使得這些知識分子的討論大打折扣。美國本身最近才剛入侵並短暫佔領巴拿馬這個主權國家，這件事在許多支持這場戰爭的美國知識分子看來似乎毫不相關。的確，如果有人批評伊拉克，是否同樣地也該批評美國？其實不然，「我們的」動機更為崇高，伊拉克總統海珊（Saddam Hussein）是希特勒（Adolf Hitler）般的殺人魔王；「我們」大都出於利人的、無私的動機，因此這是一場公義之戰。

　　或者我們再看看蘇聯入侵阿富汗，是同樣的錯誤、同樣該遭到譴責的事。但美國的盟邦，如以色列、土耳其，在俄國進入阿富汗之前已經非法佔領其領域。同樣地，美國另一個盟邦印尼在1970年代中期非法入侵、屠殺了數以萬計的帝汶人；有證據顯示，美國知道並支持東帝汶戰爭的恐怖行為，但美國的知識分子總是忙著指責蘇聯的罪行，幾乎無人多談此事。[6]歷史上赫赫顯現的就是美國大舉入侵中南半島，結果只是摧毀了力圖生存的小型、以農民為主的社會。這裡的原則似乎是：美國的外交和軍事政策專家應該把注意力限制在贏得對抗另一超級強國及其在越南或阿富汗的代理人戰爭，而我們自己的錯誤行為則絕口不提。這就是**現實政治**（*realpolitik*）的方式。

　　當然如此，但我的論點是，對於當代知識分子而言，他們生活的時代已經因為以往客觀的道德規範、合理的權威的消失而混淆，只是盲目支持自己國家的行為而忽略其罪行，或者只是消極地說：「我相信大家都這麼做，世事本來如此。」這兩種反應方式可以接受嗎？相反地，我們必須能說：知識分子不是專業人，為了奉承、討好極有缺憾的權力而喪

---

6 有關這些可疑的知識程序的說法，參閱喬姆斯基，《必要的虛幻：民主社會的思想控制》（*Necessary Illusions: Thought Control in Democratic Societies* [Boston: South End Press, 1989]）。

失天性；而是——再次重申我的論點——具有另類的、更有
原則立場的**知識分子**，使得他們事實上能對權勢說真話。

那並不是意味像《舊約聖經》般以雷霆萬鈞之勢宣稱每
個人都是罪人、基本上都是邪惡的。我的意思是謙虛、有效
得多的事。談論以前後一致的方式維護國際行為標準及支持
人權，並不是向內心尋求由靈感或先知的直覺所提供的指
引之光。全世界的國家，至少大多數的國家，都簽署了「世
界人權宣言」（Universal Declaration of Human Rights），此一
人權宣言於1948年正式通過、公布，並由聯合國每個新會
員國重新確認。有關戰爭的規定，人犯待遇，勞工、女性、
兒童、移民、難民的權益，都有同樣鄭重其事的國際公約。
這些文件中沒有一個談到有關**不合格**或較不平等的種族或民
族，所有人都有權享受同樣的自由。[7]當然，這些權利每天都
遭到破壞，就如今天波士尼亞的種族滅絕事件所見證的。
對於美國、埃及或中國政府官員，這些權利頂多是以「現
實的」、而非前後一致的方式來看待。但權力的正規就是如
此，而且恰好不合於知識分子的正規，因為知識分子的角色

---

7 有關此一論點更充分的討論，參閱我的〈國族主義、人權與詮釋〉
（"Nationalism, Human Rights, and Interpretation"），文收《自由與詮釋：
1992年牛津國際特赦演講集》（*Freedom and Interpretation: The Oxford Amnesty
Lectures, 1992*, ed. Barbara Johnson［New York: Basic Books, 1993］），頁175-205。

至少是把整個國際社會已經白紙黑字、集體接受的相同標準和行為規範，一體適用於所有情況。

　　當然其中涉及了愛國和效忠於自己民族的問題。而且當然知識分子不是單純的機器人，全然接受數學設計的法則和規定。而且，當然作為個人的聲音，恐懼和個人的時間、注意力、能力的一般限制都會產生可怕的效能。有關什麼構成客觀性的共識已經消失了──雖然我們這麼哀嘆是正確的，但不能就此完全放任於自我陷溺的主觀性。我已經說過，在一個行業或國籍內尋求庇護只是尋求庇護，這樣並不足以回應我們每天只要從報紙上就能接收到的各式刺激。

　　沒有人能對所有議題一直不斷發言。但是，我相信有特別的責任要向自己社會構成的和被授權的權勢發言，因為這些權勢必須向該社會的公民交代，尤其當這些權勢被運用於顯然不相稱、不道德的戰爭中，或用於歧視、壓迫和集體殘暴的蓄意計畫中。我在第二講中說到，大家都住在國家的疆界內，使用國語，（大部分的時間）針對我們的國族社會發言。對於美國境內的知識分子而言，必須面對的一個現實就是我們的國家是個極端歧異的移民社會，具有異乎尋常的資源和成就，但也有可怕的一套對內的不平等和對外的介入，不容忽視。雖然我不能為其他地區的知識分子發言，但基本論點確實依然相關，差異在於其他國家不像美國是個世界強

權。

　　在所有這些事例中，可以藉著比較已知、可得的事實和已知、可得的正規，得到對於一個情境的知性意義。這並非易事，因為需要記錄、研究、探索，以超越一般呈現資訊時所出現的零碎、片斷、必然缺憾的方式。但我相信在大部分情形中都可能確知是否發生屠殺或官方刻意掩飾。第一件要事是去發現到底發生了什麼事，然後是為什麼發生，並且不視為孤立事件，而是開展中的歷史的一部分，這個歷史寬廣的輪廓把自己的國家也當成參與者而納入。辯解者、戰略家和策畫者的標準外交政策分析之所以前後不一，是因為焦點往往放在把其他人當成一個情境的對象，卻很少放在「我們的」涉入和所造成的後果，更少把它與道德的正規比較。

　　在我們這樣掌理的群眾社會中，說真話的目標主要是規畫一個更好的事物狀態，更符合一套道德標準——和平、協調、減低痛苦——將之應用於已知的事實。美國實用主義哲學家皮爾斯（C. S. Peirce, 1839-1914）稱之為**不明推論式**（*abduction*，即小前提無證明），而且被當代著名的知識分子喬姆斯基所有效運用。[8]的確，在寫作和說話時，目標並不是

8　喬姆斯基，《語言與心靈》（*Language and Mind* [New York: Harcourt Brace Jovanovich, 1972]），頁90-99。

向每個人顯示自己多麼正確，而是嘗試促成道德風氣的改變，藉此如實面對侵略，防止或放棄對於民族或個人的不公懲罰，認清權利和民主自由的樹立是為了每個人的正規，而不只是為了少數人以致引人反感。然而，這些誠然是理想主義式的、經常是無法實現的目標；而且，就某個意義而言，它們與我的主題──知識分子的個人表現──並不立即相關，因為就像我所說的，經常的情況是傾向於退縮或只是循規蹈矩。

在我看來最該指責的就是知識分子的逃避；所謂逃避就是轉離明知是正確的、困難的、有原則的立場，而決定不予採取。不願意顯得太過政治化；害怕看來具有爭議性；需要老闆或權威人物的允許；想要保有平衡、客觀、溫和的美譽；希望能被請教、諮詢，成為有聲望的委員會的一員，以留在身負重任的主流之內；希望有朝一日能獲頒榮譽學位、大獎，甚至擔任駐外大使。

對知識分子而言，腐化的心態莫此為甚。如果有任何事能使人失去本性、中立化，終至戕害熱情的知識分子的生命，那就是把這些習慣內化（internalization）。我個人就在當代最艱難的議題之一（巴勒斯坦）遭遇這種情況。在這個議題中，害怕說出近代史上最大的不義的恐懼心理，使得許多知道真相而且可以效力的人裹足不前、充耳不聞、噤若寒

蟬。然而，儘管任何直言支持巴勒斯坦權利和自決的人換來的是凌虐與詆毀，無畏、悲憫的知識分子仍應該訴說、代表真理。尤其在 1993 年 9 月 13 日巴勒斯坦解放組織和以色列簽定「奧斯陸原則宣言」（the Oslo Declaration of Principles）之後，[9]情況更是如此。這個極有限的突破使許多人興高采烈，卻掩蓋了下列事實：那份文件非但沒有保證巴勒斯坦人的權利，反倒保證以色列人延長對於佔領區的控制。批評這個宣言就被認定是採取反對「希望」與「和平」的立場。[10]

最後，要對知識分子介入的模式進一言。知識分子並不是登上高山或講壇，然後從高處慷慨陳詞。知識分子顯然是要在最能被聽到的地方發表自己的意見，而且要能影響正在進行的實際過程，比方說，和平與正義的理念。是的，知識分子的聲音是寂寞的，必須自由地結合一個運動的真實情況、民族的盼望、共同理想的追求，才能得到回響。機會主義要求西方全面批判類似巴勒斯坦的恐怖或不知節制，你可以徹底貶斥巴勒斯坦人的作為，然後繼續讚揚以色列的民主

---

9 譯註：「奧斯陸原則宣言」正式名稱為「臨時自治安排原則宣言」（Declaration of Principles on Interim Self-Government Arrangements），俗稱「奧斯陸協議」。

10 參閱我的〈次晨〉（"The Morning After"），文刊 1993 年 10 月 21 日《倫敦書評》（*London Review of Books*, 21 October 1993, Vol. 15, No. 20），頁 3-5。

政治。然後，你必須對和平美言幾句。知識分子的責任當然
要求你必須對巴勒斯坦人訴說那一切事情，但在紐約、巴
黎、倫敦就那個議題發表你的主要論點時——那些大都會是
最能發揮影響力的地方——則提倡巴勒斯坦的自由，以及**所
有**相關者都能免於恐懼和極端主義。而不只是最弱、最易受
到打擊的一方。

　　對權勢說真話絕不是潘格樂思式的理想主義；[11]對權勢
說真話是謹慎衡量不同的選擇，擇取正確的方式，然後明智
地代表它，使其能實現最大的善並導致正確的改變。

---

11 譯註：潘格樂思（Pangloss）是伏爾泰諷刺作品《憨第德》（*Candide*）中
　　的哲學家，認為世上的一切都將臻於至善。

第六章

總是失敗的諸神

　　此君是一位口才甚佳、具有領袖氣質的伊朗知識分子，1978年間我在西方首次經人介紹認識。他是一位有相當成就及學問的作家和教師，大力宣揚伊朗國王不得人心，同年稍後又告訴世人不久後將在德黑蘭掌權的新人物。當時他對柯梅尼語帶尊重，很快就交上柯梅尼周圍較年輕的人士並嶄露頭角，這些年輕人當然都是伊斯蘭教徒，但確實不是好戰分子，像是巴尼沙德、哥扎德（Abolhassan Bani-Sadr, Sadek Ghotbzadeh）者流。

　　伊朗的伊斯蘭教革命在國內鞏固權力之後幾週，我認識的這個人原先回伊朗協助建立新政府，現在又回到西方成為派駐大國的大使。我記得在伊朗國王遜位後有一、兩次和他

一起參與有關中東局勢的討論會。在長期的人質危機期間
（這是美國的說法），我看見他時時對於策畫佔領大使館以及
後來挾持五十來位平民作為人質的作法表示悲痛甚至憤怒。
我對他的確切印象是個正派人士，獻身於新秩序，以忠誠的
駐外大使身分為新秩序辯護甚至服務。我知道他是嚴謹的伊
斯蘭教徒，但絕不是狂熱分子。他很有本事抵擋別人對於自
己政府的懷疑和攻擊；我認為，他的作法根據的是自己的信
念和適當的分辨。沒有人會懷疑他──至少我不懷疑──雖
然他與伊朗政府中的某些同僚意見不一致，而且他認為眼前
這個階段的事物很動盪不安，但柯梅尼不僅過去是、而且應
該是伊朗唯一的權威。他是忠貞分子，有一次他來貝魯特時
告訴我，他拒絕和一位巴勒斯坦領袖握手（當時巴勒斯坦解
放組織和伊斯蘭教革命結盟），因為這位領袖「批評了柯梅
尼」。

　　想必是在1981年初人質獲釋前幾個月，他辭去大使一
職，返回伊朗，這回是擔任巴尼沙德總統的特別助理。然而
總統和柯梅尼之間的敵對戰線已經劃定，當然總統輸了。巴
尼沙德被柯梅尼罷黜之後不久就流亡海外，我的朋友也遭到
同樣的命運，但在離開伊朗時曾遭到留難。一年左右之後，
他在公共場合高聲批評柯梅尼的伊朗，在紐約與倫敦的論壇
上攻擊他一度服務過的政府和人士，而以往他曾站在相同的

論壇為他們辯護。然而，他並未失去對於美國角色的批評意識，而且一直談論美國的帝國主義：他早先對於伊朗國王政權和美國支持該政權的記憶，已烙印在他身上。

因此，1991年波灣戰爭之後幾個月，聽到他談論這場戰爭，這次卻是為美國向伊拉克宣戰而辯護，我內心覺得特別悲哀。他就像一些歐洲左派知識分子一樣，主張在帝國主義和法西斯主義的衝突中，應該總是選擇帝國主義。我驚訝的是，在我看來沒有必要把選擇的項目削減到只有兩個，而且提出這種規畫的人士沒有一位想到，不管就知識或政治的立場而言，既拒絕法西斯主義又拒絕帝國主義不但很有可能，而且的確是好的。

無論如何，這個小故事具體而微地呈現了當代知識分子面對的困境之一，因為當代知識分子對於我所謂的公共空間的興趣不只是理論的或學術的，而且也包含了直接參與。知識分子應該涉入多深？知識分子應不應該加入政黨，服侍在真實政治過程、性格、工作中所體現的理念，因而成為真正的相信者？或者，反過來說，是否有某種更審慎的——但同等嚴肅和涉入的——參與方式，而不必受到日後的背叛與幻滅之苦？知識分子對於理念應該忠誠到何種程度，才能一直忠實於它？一個人能否保持心靈的獨立，同時**不**蒙受公開認錯和懺悔之苦？

　　我的伊朗朋友先回歸、而後脫離伊斯蘭教神權政治的歷程類似宗教的改信，接著是信仰上很戲劇性的逆轉，和完全相反的改信；這個故事並不全屬偶然。因為，不管我把他視為伊斯蘭教革命的擁護者以及後來伊斯蘭教革命陣營中的知識戰士，或者直言無諱的批評者，幾乎心碎、憤慨地離開它，我都不曾懷疑我朋友的真誠。他在第一個角色和第二個角色中都完全令人信服──是個熱情洋溢、口才流利、光芒四射的有力的辯護者。

　　在此我不該假裝在我朋友整個苦難過程中我是個超然的局外人。我倆在1970年代都支持巴勒斯坦民族主義，共同反對美國笨拙的介入角色，那種角色在我們的思維方式看來是不公不義地、不合時宜地為伊朗國王撐腰，並且安撫、支持以色列。我們都把自己的民族視為殘暴無道、麻木不仁的政策的受害者：壓迫、剝奪、貧困。當然，我倆都是流亡者，雖然我必須承認即使在當時我就已經認命了，決定一輩子成為流亡者。我朋友的陣營獲勝時，我很欣喜──不只因為他終於可以回家了。自從1967年阿拉伯戰敗之後，伊朗革命的成功是那個地區對西方霸權的頭一次重大打擊。這個革命來自教士和平民的奇異組合，連最老練的馬克思派中東專家都大惑不解。我倆都把這場革命視為勝利。

　　但對我這個也許是頑冥不化的世俗的知識分子來說，從

未對柯梅尼有太大的好感，即使在他成為至高無上的統治
者，露出黑暗專制、固執不變的個性之前便已如此。我生性
既非參與者或黨員，也從未正式擔任公職。我的確習慣處於
邊緣，置身權力圈之外；也許因為我無能在那個迷人的圈子
裡佔一席之地，所以對局外人這種身分的美德有一套自己的
說詞。對於那些掌握權勢、領導政黨和國家、操縱著基本上
不受挑戰的權威的人士，我從未能完全相信，因為他們畢竟
只是凡人。英雄崇拜、甚至英雄主義觀念本身，應用到大多
數政治領袖時，總是令我心寒。我看到我的朋友加入、脫
離，然後再加入不同陣營，經常伴隨著重大的結合和拒絕的
儀式（比方說，放棄他的西方護照，後來又取回），我心中
有一股奇異的欣喜之情，因為身為具有美國公民身分的巴勒
斯坦人似乎是我唯一的命運，下半輩子不會出現其他更具吸
引力的選擇機會。

　　我曾經擔任過巴勒斯坦流亡國會（巴勒斯坦民族議會）
的獨立國會議員達十四年之久，但我參與會議的日數總和大
約只有一星期。我留在國會是作為一個團結、甚至反抗的行
動，因為我覺得在西方以那種方式暴露自己的巴勒斯坦人身
分具有重要的象徵意義──公然與抵抗以色列政策、贏得巴
勒斯坦自決的奮鬥掛勾。我拒絕人們提供給我的所有官方職
位；從未參加任何政黨或派系。在因地發打（intifada）第三

年時，官方的巴勒斯坦政策在美國對我造成困擾。[1]我在阿拉伯的論壇中廣泛表達自己的見解。我從未放棄奮鬥，也未加入以色列或美國那邊，因為我拒絕和自己依然視為造成我民族苦難的那些勢力合作。同樣地，我從未為阿拉伯國家的政策背書，甚或接受它們的官方邀請。

我完全承認自己這些也許過於反抗的立場，其實延伸自身為巴勒斯坦人那種知其不可為而為、普遍失利的結果：我們缺乏領土主權，只有小小的勝利以及微小的空間來慶祝這些勝利。也許這也說明了為什麼我不願像許多人那樣完全投入一個理念或政黨，在信念與支持上毫無保留。我就是做不到這一點——寧願保有局外人和懷疑者的自主性，而不願具有改信者與真正信仰者的熱心所傳達出的模糊的宗教性質。1993年8月以色列與巴勒斯坦解放組織的協議宣布後，我發現這種批判的超然意識（sense of critical detachment）適合我——至於效果如何現在尚未完全確定。在我看來，媒體所誘發的一片歡樂氣氛，更別提官方的欣喜與滿足的宣告，掩飾了巴解組織領袖只是向以色列投降的殘酷真相。在那時說這種事會使自己成為少數，但我覺得為了知識和道德的理由非

---

1 譯註：因地發打是巴勒斯坦人於1980年代末期發起的運動，抗議以色列佔領約旦河西岸和加薩走廊。

說不可。然而，我所述說的伊朗的經驗，可以和其他改信和
公開認錯的插曲直接比較，這些插曲點綴了二十世紀知識分
子的經驗，這裡所要考量的就是我最熟知的西方和中東世界
裡的這些現象。

　　打從開始我就不願含糊其詞或讓自己保有太多的曖昧：
我反對改信和相信任何種類的政治神祇。我認為這兩種行為
都不適合知識分子。這並不意味知識分子應該留在岸邊，只
是偶爾沾溼一下腳趾，大多數時間保持乾燥。我在這些演講
中所寫的每件事都強調：對於知識分子來說，熱情的介入、
冒險、公開露面、獻身於原則、辯論和參與世俗理念可能招
致的傷害，這些都是重要的。例如，早先我對專業的和業餘
的知識分子的區別正基於此：專業人根據專業的標準而宣稱
超然，並假裝客觀；業餘者既不為獎賞也不為實現眼前的生
涯計畫所動，而是獻身投入公共空間中的觀念與價值。知識
分子隨著時間的進展自然轉向政治世界，部分是因為那個世
界不像學院或實驗室，反而因為受到顯而易見的權力和利益
的考量而具有活力，使得整個社會或國家（和馬克思的預言
一樣）把知識分子帶離相當審慎的詮釋問題，轉到有意義得
多的社會改變和轉型的問題。

　　每位知識分子的職責就是宣揚、代表特定的看法、觀
念、意識形態，當然期望它們能在社會發揮作用。宣稱只

是為了一己、為了純粹的學問、抽象的科學而寫作的知識分子，不但不能相信，而且**一定不可以**相信。二十世紀的大作家惹內就說過，在社會發表文章的那一刻就已經進入了政治生活；所以如果不要涉及政治，那就不要寫文章或發表意見。

改信現象的核心在於加入，不只是結盟，而是服侍和合作──雖然人們不願使用合作這個字眼。在西方，尤其美國，很難找到比冷戰時更難以置信、更不愉快的事例：成群結隊的知識分子加入了當時被認為是為了全人類的心靈之戰。1949年克羅斯曼（Richard Crossman）編了一本極著名的書，體現了知識分子在冷戰中很奇怪的善惡二元論的觀點，[2] 書名叫做《失敗的上帝》（*The God That Failed*）。在人們遺忘了這本書的內容之後，這個書名和明顯的宗教戳記依然令人印象深刻，其內容值得在此摘述。

《失敗的上帝》用意在於提供傑出的西方知識分子輕易受到蠱惑的證詞──這些人中包括了西洛內（Ignazio Silone）、紀德、凱斯勒（Arthur Koestler）、斯班德（Stephen Spender）[3]──因此讓每個人詳述前往莫斯科之路的經驗，其

---

2 譯註：善惡二元論（Manicheanism）來自印度摩尼教的觀念，認為善與惡為獨立的神的實體，宇宙及人心即為此二神的鬥爭場所。

3 譯註：西洛內（1900-1978）是義大利作家，以反法西斯小說而聞名，曾

後無可避免的醒悟，以及後來重新擁抱非共產主義的信念。
克羅斯曼在該書緒論的結語中，以強調的神學語氣寫道：
「魔鬼一度住在天堂，沒有見過魔鬼的人，遇到天使時也認
不出來。」[4]這當然不只是政治，也是道德劇。[5]知識之戰被轉
變成靈魂之戰，暗示知識分子很不幸的生活。在蘇聯和其衛
星國家中當然如此，因為公審、大清算、龐大的監禁系統代
表了鐵幕另一邊苦難之恐怖。

在西方，許多以往的同志經常被要求當眾悔過，當其
中包括了像是《失敗的上帝》中所蒐集的那些名流時，看
來很不恰當；而當它造成了集體的歇斯底里時——在美國
造成特別令人震驚的事例——情況則糟得多。對於像我這
樣於1950年代從中東來到美國的學生，適值麥加錫主義
（McCarthyism）盛行，它形塑了一個神祕地嗜血的知識階
層，至今依然沉迷於極端誇大的內在和外在威脅，那全是一

參與創建義大利共產黨（1921），後又脫黨，被迫流亡瑞士（1930）；凱
斯勒（1905-1983）是匈牙利裔英國小說家、新聞記者，1930年代曾為共
產黨員，被關入法西斯集中營；斯班德（1909-1995）是英國詩人、評論
家，1930年代左翼青年詩人。

[4]《失敗的上帝》（*The God That Failed*, ed. Richard Crossman〔Washington,
D.C.: Regnery Gateway, 1987〕），頁vii。（譯按：本書有中譯本《破滅了的
信心：當代六名人的自白》〔李省吾譯；台北：華國，1951年〕）

[5] 譯註：道德劇是西方中世紀的宗教劇，以擬人化的抽象觀念構成戲劇衝
突，目的在於勸人為善，宣揚教義。

種令人神傷的自找的危機，表示了不用腦筋的善惡二元論勝
過理性的、自我批判的分析。

　　整個生涯不是建立在知識的成就，而是建立在證明共產
主義的邪惡，或懺悔，或密報朋友、同事，或再度與以往朋
友的敵人合作。整個論述體系來自反共產主義──從意識形
態的終結學派（the end of ideology school）的實用主義，到
過去幾年來其短命的繼承者──歷史的終結學派（the end of
history school）。在美國有組織的反共產主義絕非被動的防衛
自由，而是積極由中央情報局祕密支持在其他方面無懈可擊
的團體，如文化自由協會（Congress of Cultural Freedom，這
個機構不只向全世界推薦《失敗的上帝》，也資助類似《遭
遇》［Encounter］這類雜誌），並滲透工會、學生組織、教
會、大學。

　　顯然，許多以反共產主義為名的成功事例都被支持者當
成運動而記錄下來。然而，其他較令人不敢恭維的特色則
是：首先，藉著福音式的、終至非理性的戒條式的系統（今
天「政治正確性」的鼻祖），破壞公開的知識討論以及熱烈
的文化辯論；其次，某些在公開場合自我殘害的形式一直延
續至今。與此二者並行的就是一些卑鄙的習性：從一個團體
得到獎賞和特權，卻又加入另一邊，向新主子尋求獎賞。

　　眼前我要強調的是特別令人不悅的改信和公然悔過的美

學（aesthetics of conversion and recantation），對於相關的個人而言，公開表示同意以及日後的變節如何在知識分子身上產生一種自戀和暴露的心態，而這些知識分子和他們理當服務的人民和過程已經失去聯繫。在本系列演講中，我幾度說過在理想情況下，知識分子代表著解放和啟蒙，但從不是要去服侍抽象的觀念或冷酷、遙遠的神祇。知識分子的代表──他們本身所代表的以及那些觀念如何向觀眾代表──總是關係著、而且應該是社會裡正在進行的經驗中的有機部分：代表著窮人、下層社會、沒有聲音的人、沒有代表的人、無權無勢的人。這些都是同樣的具體而且正在進行；把它們轉型然後僵化成教條、宗教的宣言、職業的方法，它們就無法存活。

　　這類轉型斬斷了知識分子和所參與的運動或過程之間活生生的聯繫。再者，另一個驚人的危險就是認為自己、自己的觀點、自己的正直、自己表明的立場是最重要的。閱讀《失敗的上帝》裡的證詞對我而言是沮喪的事。我要問的是：為什麼身為知識分子的你竟然相信神祇？此外，誰賦予你權利去想像你早先的信仰和後來的醒悟是那麼的重要？在我看來，宗教信仰本身既可以理解，又是極個人的事。然而，如果完全教條式的體系認定一邊是完全善良、一邊是完全邪惡，當這種體系取代了活潑的、你來我往的互動過程

時，世俗的知識分子覺得一個領域對另一個領域的侵犯是不
受歡迎而且不合適的。政治變成宗教的熱忱——就像當今南
斯拉夫的情況一樣——結果造成了種族滅絕、大屠殺和無休
無止的衝突，讓人想來就覺得恐怖。

　　反諷的是，舊有的改信者和新信者經常是同樣的不能容
忍、同樣的教條化和暴力。可悲地，近年來從極左派到極右
派的擺盪造成了一種單調乏味的行業，這種行業偽裝成獨立
和啟蒙，但尤其在美國卻只是反映了雷根主義（Reaganism）
和柴契爾主義（Thatcherism）的抬頭。這種特殊的自我宣傳
在美國的支派自稱為「再思」（Second Thoughts），意指狂飆
的1960年代的初思（first thoughts）既激進又錯誤。在1980
年代末期，「再思」在幾個月之間聲譽鵲起成為一種運動，
從右派慷慨的贊助人，如布萊德雷與歐林基金會（Bradley
and Olin Foundations），得到驚人的資助。特定的執行者就
是霍洛維茲（David Horowitz）和柯里爾（Peter Collier），他
們筆下流瀉出一長串本本類似的書，大都是揭露以往的激進
分子在見到靈光之後，（套用其中一個人的話說）已經變得
強力支持美國，反共產主義。[6]

---

[6] 悉鈞斯（Christopher Hitchens）對於再思會議（Second Thoughts conference）
有個精闢、有趣的說法，參閱《爭辯集：論文與關鍵報告》（*For the Sake
of Argument: Essays and Minority Reports* [London: Verso, 1993]），頁111-14。

　　如果1960年代激進分子的反越南、反美國的論爭，在表達自己的信念時很肯定並自我誇張，再思運動者也同樣的大聲和肯定。當然，唯一的問題就是現在沒有共黨世界、沒有邪惡的帝國了——縱使自我修正和虔誠的懺悔前愆的形式並無限制。其實所真正頌讚的是由一個神祇轉換到另一個新神祇。以往的運動部分是基於熱情的理想主義和不滿現狀，但再思運動者在回溯時卻把它簡化、重新塑造成只不過是在美國的敵人面前卑躬屈膝，漠視共黨的殘暴。[7]

　　在阿拉伯世界，納瑟（Gamal Abdel Nasser, 1918-1970）時代的泛阿拉伯民族主義（pan-Arab nationalism）雖然英勇，但也許有些裝模作樣，有時更具有毀滅性，在1970年代聲勢減弱；取而代之的是一套當地的、區域性的信條，這些信條大都由不受歡迎、缺乏創見的少數人政權嚴苛執行，現在受到許許多多伊斯蘭教運動的威脅。然而，每個阿拉伯國家依然存在一種世俗的、文化的反對力量；最有才華的作家、藝術家、政治評論家、知識分子通常是其成員——雖然他們只是少數，而且許多被迫沉默或流亡。

---

[7] 湯普森的〈醒悟或變節？一個外行人的佈道詞〉（E. P. Thompson, "Disenchantment or Apostasy? A Lay Sermon"）一文在討論各式各樣的自我否認上很有價值，文收《權力與意識》（*Power and Consciousness*, ed. Conor Cruise O'Brien [New York: New York University Press, 1969]），頁149-82。

　　一個更不祥的現象就是產油國的權力和財富。許多聳動的西方媒體把注意力放在敘利亞和伊拉克復興主義的政權（Baathi regimes），卻忽略其他政府以更悄然、陰險的壓力逼人順服，這些政府有許多錢可以花用，並提供學院人士、作家和藝術家豐厚的資助。在波斯灣危機和戰爭時，這種壓力特別明顯。在危機發生之前，前進的知識分子不加批評地支持、辯護阿拉伯主義，因為他們相信自己是在促進納瑟主義的理念以及萬隆會議（the Bandung Conference）和不結盟運動的反帝國主義、支持獨立行為。就在伊拉克佔領科威特之後，知識分子大幅重新結盟。有人認為埃及的整個出版業和許多新聞從業人員發生了一百八十度的轉變。以往的阿拉伯民族主義者突然開始歌頌起沙烏地阿拉伯和科威特，這兩個國家以往是被痛恨的敵人，現在卻成了新朋友和贊助人。

　　也許是因為提供了有利的獎賞，才促成了一百八十度的轉變，但是阿拉伯的再思運動者也發現了他們對於伊斯蘭教的熱情，以及某個波斯灣統治王朝的奇異美德。只不過在一、兩年前，他們之中有許多人（包括資助海珊的幾個波斯灣政權）主辦慶典，歌頌伊拉克擊退了阿拉伯主義的宿敵「波斯人」。那些早先的用語絲毫不加批判、誇大其詞、充滿情緒，散發出濃厚的英雄崇拜和類似宗教的氣息。當沙烏地阿拉伯邀請美國總統布希和他的軍隊進入時，這些聲音都改

變了。這一次，他們正式且再三反對阿拉伯民族主義，把這種民族主義轉換成粗糙的拼湊之物，並且不加批判地支持當前的統治者。

對於阿拉伯知識分子來說情況更為複雜，因為美國新近成為今日中東地區的主要外力。以往自動的、不加思索的反美——這種反美是教條式的，充滿了陳腔濫調，荒謬地簡單——卻奉命變成了親美。在整個阿拉伯世界的許多報章雜誌，尤其那些眾所周知接受現成波斯灣資助的報章雜誌，對於美國的批評顯著減少，有時完全排除；這方式與通常禁止批評已被神化的政權如出一轍。

一小撮阿拉伯知識分子突然發現自己在歐美的新角色。他們曾是好戰的馬克思主義者，經常是托派（Trotskyists），支持巴勒斯坦運動。在伊朗革命之後，有些變成好戰分子。隨著神祇的逃逸或被驅逐，這些知識分子就沉寂了下來——雖然在他們尋求服侍新神祇時偶爾會用心的探索。特別是其中一位曾為忠誠的托派，後來放棄了左派，而像許多人一樣轉赴波斯灣從事建築業而致富。在波斯灣危機之前，他重新現身，激烈批評某一阿拉伯政權。他從未用本名寫作，而是用一連串化名保護自己的身分（和利益），他不分青紅皂白、歇斯底里地痛批整個阿拉伯文化；這種方式為他贏得了西方讀者的注意。

　　如今每個人都知道，在主流的西方媒體批評美國政策或以色列是極端困難的；相反地，發表敵視阿拉伯民族和文化或伊斯蘭教的意見卻是容易得可笑。其實，西方的發言人和伊斯蘭教、阿拉伯世界的發言人之間存在著一場文化戰爭。在這種熾熱的情境中，知識分子最難做的事就是批判，拒絕採用地毯轟炸式的修辭風格，轉而集中於類似美國支持不受歡迎的附屬政權那些議題；對於在美國搖筆桿的人來說，這些更可能被批判式的討論所影響。

　　當然，另一方面，身為阿拉伯知識分子的若干行徑幾乎肯定可以得到讀者，例如熱切地、甚至奴隸般地支持美國政策，攻擊那些批評美國政策的人，如果那些批評者是阿拉伯人，就捏造證據來顯示他們的卑劣；如果那些批評者是美國人，就拼湊一些故事和情境來證明他們的狡詐；編造有關阿拉伯人和伊斯蘭教徒的故事，以達到污衊他們的傳統、扭曲他們的歷史、強調他們的缺點（缺點當然很多）的效果。尤其是攻擊官方認定的敵人——海珊、復興主義（Baathism）、阿拉伯民族主義、巴勒斯坦運動、阿拉伯人對於以色列的看法。當然，這都會為你贏得所期盼的獎賞：被形容為具有勇氣、勇於發言、充滿熱情等等。新神祇當然就是西方。你說，阿拉伯應該嘗試更像西方，應該視西方為源頭和參考的標準。西方實際行徑的歷史不見了。波灣戰爭的毀滅性結果

不見了。我們阿拉伯人和伊斯蘭教徒是病人，我們的問題是
我們自己的，完全是自招的。[8]

　　這類表演凸顯了一些事情。首先，這裡根本沒有普遍
性。因為你毫不批判地服侍一位神祇，以致所有的魔鬼總
是在另一邊：當初身為托派時如此，現在洗心革面、公開認
錯後依然如此。你不以相互關係或共同歷史的方式來看待政
治，例如把阿拉伯人和伊斯蘭教徒牽連上西方長久、複雜的
動態關係，或者把西方牽連上阿拉伯人和伊斯蘭教徒。真
正知識分子的分析不許把一邊稱為無辜，而把另一邊稱為邪
惡。的確，當爭論的對象是不同的文化時，分邊的觀念是很
有問題的，因為大多數的文化不是密封的小包裹，裝著相同
的內容，不是全善就是全惡。但如果你的眼睛是望著主子，
就不能像知識分子般去思考，而只是個門徒或追隨者。內心
深處則是必須取悅、不得忤逆的念頭。

　　其次，自己服侍以往的主人的歷史當然就被踩在腳下或
說成是鬼迷心竅，但這並未在你身上激起絲毫的自我懷疑，
並未激起任何欲望去質疑大聲服侍神祇此一前提，然後不假
思索地轉向為新神祇做同樣的事。絕非如此。由於過去由一

---

8 這些態度中有若干顯見於沙耶岡的《文化的精神分裂：伊斯蘭教社會面
　對西方》（Daryush Shayegan, *Cultural Schizophrenia: Islamic Societies Confronting
　the West*, trans. John Howe［London: Saqi Books, 1992］）。

個神祇倒向另一個神祇，現在繼續做同樣的事——的確是更
犬儒一點，但最終的結果是相同的。

　　對比之下，真正的知識分子是世俗之人。不管知識分子
如何假裝他們所代表的是屬於更崇高的事物或終極的價值，
道德都以他們在我們這個世俗世界的活動為起點——這些活
動在哪裡發生？為了何人的利益？是否符合一致、普遍的倫
理？如何區分權力和正義？揭露了哪些個人的選擇和優先順
序？那些總是失敗的神祇最終所要求於知識分子的，是一種
絕對的肯定和全然無缺的現實觀，他們眼中不是門徒，便是
敵人。

　　對我來說有趣得多的是，如何在心靈中保有一個空間，
能夠開放給懷疑以及部分的警覺、懷疑的反諷——最好也是
自我反諷。是的，你有信念，下判斷，但這些信念與判斷來
自努力，來自與他人、其他知識分子、草根運動、延續的歷
史、一套真正生活的聯繫感。至於抽象概念或正統觀念，它
們的麻煩在於自身是需要一直被安撫、奉承的主子。知識分
子的道德和原則不該構成一種封閉的變速器，驅使思想和行
動前往一個方向，而且以單一燃料來源的引擎賦予動力。知
識分子必須四處走動，必須有立足的空間並反駁權威，因為
在今天的世界裡，毫不質疑地屈從於權威是對主動的、道德
的、知識的生活最大威脅之一。

　　很難一個人面對那種威脅，更難找到一種方式在與自己的信念一致的同時，保有足夠的自由去成長、改變心意、發現新事物、重新發現一度擱在一旁的東西。身為知識分子最困難的一面，就是代表經由你的努力和介入所宣告的事情，而不僵化為一種機構或機器人，奉一種系統或方法之令行事。既能成功地達到那個境界，**而且**也成功地保持警覺、扎實——任何感受到這種欣喜的人，將體會到那種融合是何等的稀罕。但要達到這種境界的唯一方法就是一直提醒自己，身為知識分子能在主動地盡力代表真理和被動地讓主子或權威來引導之間選擇。對於世俗的知識分子而言，**那些**神祇總是失敗。

附錄一

知識分子論

薩依德訪談錄 [*]

前言

近年來我因研究之故數度與薩依德聯絡，總因他工作忙
碌及健康因素，未獲回音。最近一、兩年為了本書的中譯，
我先後直接或透過與他同校的王德威教授聯絡，依然沒有
具體結果。1997年8月，我親自走訪美國東岸的哥倫比亞大

---

[*] 本訪談由單德興主訪，1997年8月18日於美國紐約哥倫比亞大學進行，
英文原稿刊登於《淡江評論》（*Tamkang Review*，27卷4期，1997年夏，頁
583-601），並收入辛和江森合編的《薩依德訪談集》（Amritjit Singh and
Bruce G. Johnson, eds., *Interviews with Edward W. Said* [Jackson: University Press
of Mississippi, 2004]），頁122-37。

學，幾次與他的祕書聯絡，他得知我將在 21 日離開紐約，終於敲定 18 日下午五點在他的研究室見面，但會面時間長短連祕書都不知道。

為了訪問薩依德，我於去年 10 月便傳真三頁的題目給德威兄，請他就近代為訪問，但那幾個月薩依德身體狀況不佳，經常出入醫院，後來還是決定由我進行。此次訪談除了大半根據上次擬出的題目之外，另根據翻譯本書及近來閱讀相關著作的感想增列了一些問題。雖然聯絡過程曲折、艱辛，然而薩依德一旦決定之後便專程到研究室接受訪問。在我所做的多次訪談中，可說以這次最難得也最困難：難得的是，這是為了配合專書的中譯出版所做的訪談，而且為此繞了半個地球登門拜訪；困難的是，訪談對象聯絡不易，而且時間長短難以預料——甚至在訪談前我問薩依德能給我多少時間，他還說今天身體狀況欠佳，不知能支撐多久。我只得把兩次擬妥的問題標出優先順序，先從重要的問起，既要維持上下文的連貫，也準備在他要叫停時可以隨時跳到總結的問題。另一方面，我心裡暗自盼望他的身體狀況足以回答所有的問題，因為機會難得，稍縱即逝。

結果訪問超乎預期地順利，薩依德不但回答了全部的問題，而且態度誠懇、和善。他的反應迅速，條理分明，活力及興致之高令人驚訝，看不出受到惡疾纏身的影響，在仔細

聆聽問題之後，以略帶口音的英文坦誠回答。

訪談

單德興（以下簡稱「單」）：中文讀者擁有數千年悠久的知識分子傳統。面對《知識分子論》一書的中文讀者，你有何感想？

薩依德（以下簡稱「薩」）：我謙虛以對。不過，我也來自一個很古老的傳統——我們擁有悠久的知識分子和律法學者的傳統。我想，其中有許多相似之處；但是中國傳統和我們的阿拉伯—伊斯蘭傳統當然很不一樣。雖然我對中國傳統所知不多，但我認為這些傳統都有宮廷的知識分子（court intellectuals），也就是對有權勢者發言的知識分子，而他們自己也成了有權勢的知識分子。我們的傳統中這種人也很多。我一向反對這種情形。我一向覺得知識分子扮演的應該是質疑、而不是顧問的角色，對於權威與傳統應該存疑，甚至以懷疑的眼光看待。那一點是我特別要說的。

單：這本書有沒有翻譯成其他語言？

薩：已經翻譯成法文、日文、德文、瑞典文、西班牙文、義大利文、阿拉伯文、土耳其文、葡萄牙文、希臘文，也

許還有其他一、兩種語文。

單：阿拉伯世界接受的情形如何？

薩：這個嘛，有很大的爭議，因為知識分子與政治責任之間
的關係顯然很重要。在法國和阿拉伯國家中，有些人批
評我不夠注意負有政治責任的知識分子，也就是負責規
畫、制定政策的知識分子的角色。我的重點在於不負
責規畫、制定政策的知識分子。我認為知識分子應該知
無不言、言無不盡，不畏任何艱難險阻。當然，在阿拉
伯世界的另一件大事，就是我們有層層的檢查制度，知
識分子很難直言無諱，但至少那本書出版一年後能引發
辯論。我的兩本政治著作在約旦河西岸都被阿拉法特查
禁。因此，問題再度回到：在艱困的時刻，知識分子是
支持國家的理念重要，還是批評更為重要？而我自己的
立場是：批評更為重要。我認為年輕人對於這一點的反
應比較好。老一輩的觀念是：你可以既為知識分子，又
與權力掛勾。這是我難以苟同的。我根本不相信一個人
可以成為我所定義的知識分子並且擁有一官半職。所
以，那就是在阿拉伯國家引發辯論的主要原因。

單：你曾專文討論過「理論之旅行」的觀念。如何以此觀念
來看待這種現象？

薩：是的，我要告訴你的是：在我所有的著作中，以對這本

書的反應最為一致。不管是在法國、西班牙、德國、瑞
典⋯⋯對於知識分子應該做什麼以及應該負有什麼責
任，總是爭辯不休。雖然這些語言中有些是我不懂的，
也不完全了解他們所說的一切，但從上電台、電視接受
訪問等等的情形來判斷，我很驚訝不管是在法國、黎巴
嫩、埃及或日本，對這本周遊各國的書的反應多少是相
同的。人們說我觸及了他們社會中的真實情境，即使我
對那些社會一無所知。而我認為一再出現的主要問題，
就是言論自由的問題，我反對針對言論自由設限，我認
為知識分子的言論自由不應該受到限制。

單：回顧自己的學術生涯，可不可能加以分期或歸類？每個
　　時代或類別各以哪些著作來代表？

薩：的確有可能，是有可能的。我從小成長的背景是在中
　　東。雖然我歷經了1948年巴勒斯坦的最後那段日子，
　　1952年的埃及革命，1958年的黎巴嫩內戰——這些都
　　是我背景的一部分——但是我們全家都未涉入政治。而
　　我在美國接受的是體制內的良好教育，大學唸的是普林
　　斯頓，拿的是哈佛大學的博士學位，我是個文學學者，
　　來到紐約的哥倫比亞大學擔任文學的助理教授。但1967
　　年是我的轉捩點，那年的以阿戰爭讓我驚覺我所認識的
　　世界已經消失了。消失的原因許多來自美國這個超級強

國以及這個對於中東世界影響最大的外來勢力。所以，
打從1967年以後——其實是從《開始》這本書以後——
試著重新形塑我對於知識分子的使命感，所寫的書兼具
政治和知識的活力。因此，《東方主義》是第一本結合
政治和知識、學術的書。同時自1970年代之後，我在
政治上介入巴勒斯坦運動。雖然我住在美國這裡，但家
人仍在中東，所以我不時會前往約旦、黎巴嫩和許多地
方。

因此，如果要分期的話，第一期是對文學生產的存
在問題的興趣（an interest in existential problems of literary
production）。第二期是理論期——《開始》——形塑整
個計畫的問題。第三期是政治期，作品包括了《東方主
義》、《巴勒斯坦問題》、《採訪伊斯蘭》，並且延續好
些年。最後一期，也就是我現在寫作的時期，又更常回
到美學。我正在寫回憶錄；也在寫一本書討論我所謂的
「晚期風格」——藝術家在藝術生涯最後階段的風格；而
且，我正在鑽研音樂，寫了一本有關歌劇的書，將由劍
橋大學出版社出版。[1]因此，我又回到了美學。當然，我

---

1 這裡所說的回憶錄就是1999年出版的《鄉關何處》；另一本則為他身後
於2006年出版的《論晚期風格：反常合道的音樂與文學》（*On Late Style:
Music and Literature Against the Grain*）。至於有關歌劇的書，雖然亞馬遜

的政治關懷持續不斷，因為我也為報章雜誌撰稿，每個
月固定為阿拉伯世界寫兩、三篇時事評論。

單：我注意到你的第二本書《開始》的結尾提到知識分子的
角色，因此你關注知識分子的問題已經超過二十年了。
為何有如此長期的執著？

薩：這個嘛，我想這是執著於自己所做的事。我思索直接政
治介入的問題至少二十五年了，而我一向選擇的是知識
分子的計畫，因為對我個人來說，這比直接涉入政治更
重要，原因如下：㈠ 我是流亡在外的人，我想在這方
面流亡扮演了很重要的角色；㈡ 我的個性和稟賦偏好
孤獨，我可以跟人應對，但不善於與群眾相處，一直與
人打交道這種事是我做不來的；㈢ 政治生涯包含了太
多的妥協，這種事我也做不來。不過我必須說，巴勒斯
坦的處境使我在這三、四年來更接近政治，因為我想我
現在成了阿拉法特的主要對手。如果我的健康情況更好
的話，一定會更認真參與政治，但現在只能透過文字、
談話這種方式。如果我的身體狀況允許的話，一定會

網路書店列出了書名《歌劇中的權威與逾越》（*Authority and Transgression in Opera*）及國際標準書號，並標示原為燕卜遜系列演講（The Empson Lectures），但已「絕版」。然而透過書商向出版社詢問，獲知出版社已打消出版該書的計畫。

做，因為我認為現在是現代史上最關鍵的時期。我認為
阿拉法特和當今的領導階層名譽掃地。你知道，謙虛地
說，我的寫作和努力已經在阿拉伯世界得到很多的注意
和支持。對我來說，這是一個很重要的群眾基礎，而我
也願意在這方面多花些時間，但現在卻做不到。

單：在中文世界裡，你是以《東方主義》的作者著稱，而你
也提到《東方主義》、《巴勒斯坦問題》、《採訪伊斯蘭》
是三部曲。能不能談談這一點？

薩：那當然。在這三本書裡，我集中於再現的問題，以及再
現作為研究的對象與政治、經濟機構的研究之間維持著
多少自主的關係，而不是完全獨立、不相往來。對我來
說，再現的研究是重大的文化議題，而我在那三本書
中所處理的就是再現的力量——以強制和知識力量的方
式，決定所謂非歐洲人的命運，因此西方描繪伊斯蘭世
界的方式，與猶太復國主義者把巴勒斯坦描繪、再現成
空白之地的方式有關，根本不把當地人放在眼裡。這也
和媒體的方式有關，而這就是《採訪伊斯蘭》的主題：
當代媒體把伊斯蘭世界再現成恐怖、非理性的世界等
等。但是，我認為這三本書的用處在於它們能延伸到其
他文化脈絡中的再現，以及再現的意義和形塑等問題，
也能與杭廷頓所謂的「文明的衝突」這個當前的議題扯

上關係。我認為那是一個自然發展的過程。因此，我試著做的便是談論這些作品所具有的解放效應，也主張更仔細地分析文化，可以使我們超越「『我們』對抗『他們』」這種思維模式。

單：我們談談對於「東方」的另類看法。你把阿拉伯世界當成與西方相對的東方，卻很少談到亞洲國家。然而，中文世界或所謂的遠東，在地理位置上卻比中東更東方。華裔人類學家許烺光（Francis L. K. Hsu）在對比東方與西方時，把印度和中東排除在他所定義的東方之外。對他而言，「『東方』以中國、日本、韓國為中心，以緬甸、泰國、印度支那、印尼為邊緣，而排除了印度；『西方』指的是歐洲和歐洲人所佔領的所有其他文化地區以及阿拉伯、非洲、撒哈拉以北」。對於這種東方與西方的定義，你有何回應？

薩：東方的觀念是極具彈性的，而這也正是我的論點之一。它可以用無數的方式來指涉與「我們」不同的對象。我集中於伊斯蘭世界只是為了分析方便，因為這**一個東方**（*an Orient*）長久以來被認為是**整個東方**（*the Orient*）。我在那本書中也討論到一點，那就是「那個東方」（伊斯蘭或中東）逐漸被一個更遙遠的東方（中國、日本和遠東）所取代。但我也要說，這些不同的東方之間彼此關

聯，因為都代表西方的對立面，而且它們也是可以使用
的旅行的術語。舉例來說，阿拉伯人在西方被稱為東方
人，但他會說中國人才是東方人，自己則不同，這是常
有的事。因此，這是能被人使用的眾多詭異的字眼之一。
我認為它總是包含了一點點的仇外心理，一點點的敵意
和懷疑。因此，我認為對於這種情形應該要特別留意。

第二大點就是：對於每個東方而言，總是有個西
方或相對的事物。因此可以有東方主義，也可以有西
方主義（Occidentalism），也就是把西方變成神話（the
mythification of the West）。近年來我在哥倫比亞大學經
歷到的一件趣事就是，這裡的學生發展出亞裔美國人
（Asian Americans）的觀念，這個觀念通常指的是華裔
和日裔。我就問：「那麼印度裔和阿拉伯裔呢？」學生
說：「他們不是亞裔。」我說：「阿拉伯裔當然是亞裔，
印度裔當然也是。」這就變成了一個專有的術語：「『我
們』是東方人，你們不是。」我發覺這類事情很好笑，
這個術語經過這種轉折，把原先遙遠、疏離的術語變成
了據有（appropriation）的術語：「『我們』是東方人，
你們不是。」

單：去年哥倫比亞大學這裡舉行了「《東方主義》之後：薩
依德作品研討會」（"After *Orientalism*: A Conference on

the Work of Edward Said"）。這本書出版至今將近二十年了，但是今天即使在紐約的百老匯，我們依舊看到像《國王與我》（*The King and I*）和《西貢姑娘》（*Miss Saigon*）這類東方主義式的再現。[2]

薩：聽著，情況更糟，我認為情況更加更加惡化。今天我剛讀到一篇文章，是有關和戴安娜王妃一塊出遊的埃及花花公子。[3]如果你讀那篇文章就會發現，那是活脫脫來自十九世紀末的種族歧視、帝國主義式的寫作，處處暗示因為這個埃及花花公子是東方人，所以他的性能力更強——當然，這裡的性很重要。而且如果你看看百老匯、

---

[2]《國王與我》於1951年在紐約百老匯首演，一再呈現暹邏國王的封建、落伍、蠻橫、自以為是。《西貢姑娘》（1989年在倫敦首演，1991年在百老匯首演）劇中對於東方女子的呈現，依然沿襲一個多世紀前普契尼的歌劇《蝴蝶夫人》（Giacomo Puccini, *Madama Butterfly*, 1904），女主角自殺以免拖累小孩，無法被生父帶到西方過快樂日子。其中意識形態之反動超過第一位華裔美國女演員黃柳霜主演的《海濤》（Anna May Wong, *The Toll of the Sea*, 1922）。在該默片中的中國女子雖然小孩被生父帶走，但至少還能保住一命。當今百老匯的《國王與我》和《西貢姑娘》如果說有任何「進步」的話，就是兩劇的男主角已改由亞裔扮演，不再由白人冒充（《國王與我》中的國王由華裔的葛雷［Kevin Gray］飾演，《西貢姑娘》中的皮條客［Engineer］由華裔的王洛勇［Luoyong Wang］飾演）。

[3] 本訪談之後不到兩星期（8月31日），戴安娜王妃（Princess Diana）和法耶德（Emad［"Dodi"］al Fayed）因為司機酒後高速駕車企圖擺脫狗仔隊（paparazzi）的追逐，在巴黎一處地下道車禍喪生。

電影，現在電影裡的壞人都變成了亞洲人了。以往壞人
都是俄國人，現在變成了哈薩克人、巴勒斯坦人等等。
你有沒有看過《空軍一號》（*Air Force One*）這部電影？[4]

單：還沒有。

薩：去看看。電影主要是為了大眾。當然，〇〇七電影裡的
壞人總是中國人或日本人。我認為現在的情形每下愈
況，彷彿過去的那些角色復活、再生，來滿足大都會世
界白人中產階級的幻想。

單：你認為要如何因應這種文化生產或錯誤再現（misrepre-
sentation）？

薩：這個嘛，要做的事情很多，首先我認為必須加以分析，
以批判的眼光來檢視這一切。讓人們可以看到實際發生
的情形。對我來說，最重要的便是把它連接上種族歧視
思想的歷史。由於現在許多年輕人都具有雙文化的背
景——這也就是為什麼年輕人的角色特別重要——因此
必須訴諸這種情形，讓人了解必須不以排外的方式來思

---

4 片中由哈里遜・福特（Harrison Ford）飾演的美國總統是打過越戰的英
雄。他不但誓言絕不與恐怖分子妥協，而且在座機及所有隨員遭到劫持
後，隻身重入虎穴，與多名哈薩克恐怖分子周旋，在槍戰及肉搏中手刃
數人，拯救機上人員脫險，並駕駛嚴重受創的飛機，在千鈞一髮之際才
棄機離開，可謂智勇兼備，集各種美德與本領於一身。片中的影像與配
樂屢屢強調美國的意識形態。

考，不以單一的方式（像是東方人、亞洲人、華人、日本人或任何這些大術語）來思考，而是去解構它們，去顯示每個文化都是混雜的，如果要嘗試分離出某個文化認同單一、純粹的本質，是極危險且錯誤的──在這裡我們可以談論正確與錯誤。而文化研究已經成為這一類的科學，來探究文化運作的方式、傳統被創造出的方式、再現與刻板印象成為真實的方式等等。而那也和媒體的力量有關。我認為當務之急便是把所有這些現象整合到一個寬廣的知識、文化、意識形態的領域，並顯示它們如何運作，而且在我看來這些現象對任何人都沒有好處。

單：所以這一方面與你批判所謂「歷史的終結」學派有關，另一方面也與你批判「意識形態的終結」學派有關。

薩：是的。我認為這兩個學派都是錯誤的。我的意思是說，意識形態繼續存在。去看看《空軍一號》，那是我這輩子所看過最具意識形態的電影，簡直令人難以置信，片中不斷強調美國的象徵。

當然，「歷史的終結」是胡說八道，因為歷史繼續使我們驚訝。當代歷史一直動盪不定，以致「歷史的終結是中產階級的民主國家」這種荒唐的觀念只可能產生於美國。但那已受到駁斥，現在再也沒有人談了。那個

觀念只短暫地出現，現在已經消失了。

單：「意識形態的終結」呢？

薩：我認為我們生活的世界依然在考量「意識形態的終結」。塑造出那個術語的貝爾是我的同事，我在哥倫比亞大學跟他很熟。當然，隨著冷戰的結束，或如同美國人所說的，當「我們」贏得了冷戰時，意識形態就已經亡逝了。但我認為現在美國和世界上許多非歐洲地區都出現了許多批判的論調，指出在資本主義和資本主義意識形態的地區，經濟問題並未完全解決。所謂的自由市場經濟依然沒有正視、處理許許多多的意識形態的、經濟的、政治的問題。我認為「意識形態的終結」這種說法的吸引力很快就會過去，我們將回到現存的意識形態的大脈絡──資本主義──並且檢視它。目前情況就是如此。

單：《開始》一書很少提到德希達（Jacques Derrida），但在我看來，你的「開始」的觀念和德希達的「衍異」（différance）的觀念有關。

薩：是的，我想是有關係；或者說他的「衍異」的觀念和我的「開始」的觀念有關，因為別忘了《開始》一書的主要論文〈有關開始的沉思〉（"A Meditation on Beginnings"）出現於「衍異」之前。我在1966年秋天與

德希達見面，兩人有一段時間很留意彼此的作品，然後就分道揚鑣了。顯然，他的作品欠缺社會、政治、歷史的脈絡。「不確定性」（indeterminacy）的觀念也讓我不滿意，因為我很感興趣的是歷史的確定（determination of history），而不是意義的不確定性（indeterminacy of meaning）。因此他後來的作品在我看來比較無趣。雖然我崇敬他，彼此也友善，但他的作品是另一回事。他在中國出名嗎？是的，我想一定很出名。

單：是的，他以解構批評著稱。《東方主義》中明顯可見傅柯有關權力的觀念。但你對他的觀念多少也有不滿，尤其有關抗拒的觀念。

薩：是的，那當然。他去世後我寫了一篇短文〈傅柯與權力的想像〉（"Foucault and the Imagination of Power"），談論到他有關權力的書中很驚人的模式：權力總是在壓迫、降低抗拒。如果你想要從他的書中獲得一些可能的抗拒模式的觀念，根本就找不到。在我看來，他沉浸於權力的運作，而不夠關切抗拒的過程，部分原因在於他的理論來自對於法國的觀察。他根本不了解殖民地的變動，對於世界其他地方出現的有異於他所知道的解放模式，似乎也沒興趣。舉例來說，我最後一次見到他是在1979年，那時他剛從伊朗回來，為一家義大利報紙寫

了一系列有關伊朗革命的文章。他很失望,因為伊朗革
命似乎不像他原先預期的模式。因此,其中有些矛盾之
處。他對於非歐洲人覺得不自在。因此,我覺得所有這
些事情,尤其有關抗拒的考量,都是他議論中的嚴重缺
失。

單:你曾說過威廉思是你的好朋友,也是偉大的批評家,並
推崇「威廉思的理念和為人的風範」。但是,你對於他
關切的範圍也有某種程度的不滿。

薩:〔笑聲〕你挑到……不錯,你是知道的,我是個批評
家,很難完全推崇所有的人和所有的事,而人們也一直
在攻擊我。我只是認為威廉思也……他作品中欠缺的是
對於大英帝國體制的充分理解,這實在令人驚訝。對我
來說,他的作品很令人振奮、很有力量,然而除了《鄉
村與城市》(*The Country and the City*)最後一部分的一個
時刻,他從未真正討論過帝國,而帝國對我來說是最重
大的宰制形式,也是最重要的。因此在那方面,我認為
他的範圍太狹隘了。

單:你是在美國最早引進歐陸主流理論的學者之一,但另一
方面你也運用葛蘭西、法農、詹姆斯、賽沙爾這些反霸
權、反殖民的人士所發展出的觀念。

薩:我感興趣的是沒有系統的人。你無法從葛蘭西得到有系

統的理論，也無法從法農、詹姆斯、賽沙爾得到有系統
的理論。這些人涉及文化、政治鬥爭、奇異的美學形式
──舉例來說，詹姆斯感興趣的是板球──以及把傳統
的學科，如哲學和心理學，應用到政治上。而且他們的
寫作形式也很奇特。葛蘭西寫的是筆記，他從未寫過任
何完整的東西，只是些片段。法農的書原先並不是當成
書來寫的，而是在持續的鬥爭過程中所寫的小冊子。詹
姆斯寫歷史和劇本。我的意思是說，他是個博學多聞的
人。同樣讓我感興趣的是德國哲學家阿多諾，我花了很
多時間在他身上，因為他的風格、他對音樂和哲學的興
趣，是我想要採納的。

單：你似乎一直回到典律的作家和作品，像是康拉德、奧斯
　　汀等。你曾在幾個場合中把自己描述為「在文化上是保
　　守的」（"culturally conservative"）。

薩：的確。

單：此外，在《音樂的闡發》中，你主要是討論西洋古典音
　　樂。但另一方面，你也被視為後殖民主義的創始人之一。

薩：那是身不由己〔笑聲〕。你知道，這件事很有趣。我對
　　許多文學、許多不同種類的美學形式都感興趣，但是我
　　的成長背景──我是孕育於你所謂的典律與古典。不過
　　我的孕育方式與本國人不可相提並論，因為對我來說它

們都是外國書。在埃及的男孩讀奧斯汀和在英國鄉村的
人讀奧斯汀是不同的。情況就是如此。第二件事就是：
對我來說，這些作品決定了美學經驗的限制。我的意思
是說，偉大的作品設定某種標準，我相信某些作品比其
他作品更好。

第三點就是，我也很接近許多在後殖民時期所產生
的作品，像是魯西迪、阿契貝（Chinua Achebe）的作
品，我是率先討論這些作品的人。他們是我的朋友，是
我的經驗的一部分。而我也想在其中加入阿拉伯經驗，
因為那些阿拉伯經驗在西方被禁，人們不談論馬富茲
（Naguib Mahfouz）等人，而我試著把他們引入我所謂
的後殖民經驗的共同領域。[5]因此，我認為這種情況不是
「非此即彼」（"either/or"），而是「既此且彼」（"both/
and"）。換句話說，我喜歡古典和典律之作，也喜歡新
作。我在今天的美國所要談的一件事就是，我的兩個同
事一直說我們應該回歸古典，不該受到性、性意識、性
別、種族等事情的煩擾。我說，不，我們得與當代、當
代的議題建立關係。如果這包含了以嶄新的、有時驚人

---

[5] 馬富茲（1911-）出生於埃及開羅，是公認的二十世紀傑出阿拉伯文小說
家，為1988年諾貝爾文學獎得主。

的方式來重讀古典和典律之作——這是我嘗試要做的
——我認為那很好。

單：你的理論落實於或來自於對某些文本的細讀或重讀。能
不能談談文本閱讀與理論形成之間的互動？

薩：是的。對於1980年代與1990年代的理論作品，也就是
說，沒有特別對象的理論作品，我很……不是懷疑，
而是不耐煩。在很多方面我是個經驗主義者（empiricist）。
閱讀的經驗、文本的經驗對我而言是首要的。很難要我
不指涉歷史經驗而創造出理論陳述。因此，我一向堅持
歷史與具體經驗的首要性。同時，我也否認素人閱讀的
可能性（the possibility of naive reading）。我從未說過你
能把這些書當成第一次來閱讀，因為我們不是第一次來
讀，因為我們已經讀過許多其他書，我們知道理論、知
道馬克思、知道佛洛伊德（Sigmund Freud）等等。因
此，我嘗試要做的就是結合閱讀的活力與一直推移、演
進的理論結構。

單：在閱讀你不同階段的作品時，我發現「再現」、「世俗
性」（secularity）、「現世性」（worldliness）、「抗拒」、
「另類」（alternative）、「遊牧」（nomad）、「混雜」
（hybridity）、「對位」（contrapuntality）、「批判意識」
（critical consciousness）等字眼一再出現。能不能找到一

些線索把它們串起來？

薩：是的。其中之一就是複雜性與同時性（complexity and simultaneity）。那對我來說是很重要的。也就是說，當你聽到一件事時，也聽到另一件。這包括了「對位」、「另類」和「抗拒」──所以這是一條主線。第二條主線就是強而有力的歷史意識，在這方面我回到維科，因為人創造自己的歷史。因此，「世俗」就是經由人的努力所創造出來的事物，而且意識到人的努力。那可以說明「批判意識」、「世俗性」那類字眼。我想，那是兩個主要類別。第一類觀念包括了「流亡」、「對位」、「另類」、「抗拒」、「他者」。第二類就是人創造出的歷史的領域，而不是神聖的、神造的，其中發展出意識就是歷史冒現過程的一部分。我的意思是說，那就是我連接這些字眼的方式。

單：我們能不能進一步說，知識分子的觀念，或者你本身作為知識分子，把這些凝聚到一塊？

薩：你很聰明，試著把我釘下來［笑聲］。是的，就某個程度而言，是的。我想是如此。當然，對我而言知識分子是在公共領域做這種事的人。我的意思是說，我所談的是介入。我的作品經常是非常反省式的，而不是設計來作為公共的陳述。我的術語一向很簡單。舉例來說，我

在1988年哥倫比亞大學發表的一場演講中，談到迂緩的政治（slow politics）和直接的政治（direct politics）：迂緩的政治指的是反省的、沉思的工作；直接的政治指的是知識分子以撰寫小冊子等方式來介入。

單：你曾說自己是個流亡者和「文化的局外人」（a "cultural outsider"），卻又是個很具影響力的批評家。能不能談談這個弔詭的角色？

薩：這個嘛，我必須告訴你——我完全坦白——我必須承認我並沒有真正意識到自己的影響力。我是很認真地說。那是我從未想過的事。大多數的時間我比較察覺到自己的不定、流亡、邊緣化、局外人的處境。因此，我的影響、我被許多人所引用、人們讀我的書，這些說法一直令我驚訝。我的意思是說，我對那沒有任何持久的信心。我不能一直回過頭來說我做過這些。我把自己的書全拋到腦後，好像是別人寫的一般。我是很認真地說。那是一種很奇怪的感覺。我寫這部回憶錄的原因之一，就是要釐清為什麼對自己的作品會有這種疏離感。

單：你寫了一本書討論音樂，又寫了一本書討論歌劇。能不能談談音樂和你的研究之間的關係？舉例來說，你提倡「對位的閱讀」（"contrapuntal reading"），而「對位」一詞便來自音樂。

薩：是的，對我來說這兩個美學領域——語言文字與非語言文字——之間不停地眉來眼去，若即若離。我的大半輩子都在這兩個領域度過——音樂基本上是沉默的藝術，語言則當然是文字與發聲的藝術。雖然兩者之間並未直接接觸，彼此區別很大，但也有共同的因素。因此，我很有系統地感覺到，對我來說主要的活力便是沉默與聲音、音樂與言詞之間的活力——這兩個對立面既迴然有別，又彼此映照，其中有著無窮無盡的迷人之處，因為你永遠無法看穿音樂的奧祕。因此，對我的挑戰在於嘗試以語言描述音樂，去近似它，而不是取代它。

單：你和攝影師摩爾（Jean Mohr, 1925- ）合作的《最後的天空之後：巴勒斯坦眾生相》（*After the Last Sky: Palestinian Lives*, 1986）是你作品中獨一無二的形式。你的文字文本如何與摩爾的圖象文本互動？

薩：這個嘛，剛剛才有人問我這個問題，他想要訪問我並討論整個有關視覺的問題。對我來說，這是斷斷續續的。當時我驚訝於這位攝影師的作品，因為他拍攝的巴勒斯坦人基本上是不為人所見的，而這對我具有政治的意義。但我必須說，我對於視覺方面從未有系統地發展。我較常使用耳朵，較常閱讀。我不是上博物館的那種人，而我對視覺藝術的品味很奇特，經常基於其他的考

量。我從未真正花太多時間有系統地發展視覺方面的理
論⋯⋯

單：你常把它描述成⋯⋯

薩：⋯⋯部分是因為⋯⋯我會給你理由的──抱歉打斷你的
話，但這是很有趣的事──部分是因為在我成長的那個
文化裡，視覺是難以理解的。有人問我第一次去的是哪
個博物館。我第一次去的是個埃及博物館，裡面全是
古埃及的象徵藝術，我根本難以理解。因此，我一向把
視覺與難以理解畫上等號。當然，在伊斯蘭世界裡，最
沒有發展出來的便是視覺藝術，只是以抽象的圖案出現
〔他走到對面，指著牆上畫框中的圖案〕，就像這樣，
而不是代表什麼東西。因此，我們有的是阿拉伯式花飾
（arabesque），你看牆上這幅圖案的中間，就像這樣的圖
案，也有一些重複的圖案，但不代表任何東西。我的意
思是說，它們不像男人、女人、馬匹的圖象那樣具象。
我就是在這個傳統中長大的。因此，比起西方或中國，
視覺傳統對於我是專業得多、限制得多的東西。

單：既然如此，你是如何為那本書撰文的？

薩：〔坐回到書桌前〕很難，很難。我讓自己──我不知道
成不成功──我讓直覺、記憶、聯想來引導自己，而不
是讓形象與形式的抽象力量來引導。因此對我而言，這

些形象裡的每一個都暗示了我記憶中的某件事、某個經驗。

單：你在第一本書《康拉德與自傳小說》裡，把康拉德描述成「自覺的外國人，以異國的語言撰寫隱晦的經驗」。這個描述是否解釋了你對康拉德的興趣？

薩：是的，絕對是。我的一生很穩定。我的意思是說，我最常回過頭來討論的作家就是康拉德，因為我在康拉德身上注意到的是很類似我個人的經驗。那也許不是康拉德最重要的東西，但對我卻是最有趣的，也就是說，經驗與語言之間總是有落差，兩者從未能一致。

單：你現在的健康情況如何？

薩：從一般到差勁，有時候情況很差……但現在還好。因為我有痼疾，總是有些小毛病，感染之後就會疼痛不適，但我已經學會如何和疾病相處了，我已經學會如何不一直去想它。那是很大的教訓——如何只集中於眼前所做的事，活在今天，而不去擔憂明天——「我明天會怎麼樣？我明天能做這個嗎？」諸如此類的事。因此，我學會了一種新紀律，而這是必要的。所以大部分時間我覺得樂觀，不感到沮喪。我的意思是說，我會死，但當然每個人都會死，能夠坦然面對是一種定力。

單：經常接受訪談的你，對於訪談的性質與作用有何看法？

薩：我經常發現訪談中有趣的便是，我學習到以往從未思考過的事情。舉例來說，在你的訪談中所問的一些問題，像是我所使用的字眼之間的關係或有關視覺的問題，刺激我去思考以往沒有思考過的觀念，促使我去發表意見並學習，對於這一點我很感激。我不喜歡的是和我個人生活有關的訪談，像是我對於某某人的感受，我上什麼學校，家人做些什麼那一類的軼聞、掌故。我想寫回憶錄或自傳的人會適當處理那些事情的。但是像你這樣具有挑戰性的、知性的訪談，對我而言是個學習的經驗，讓我釐清自己的一些觀念，並發展一些新觀念。

單：你對於這個訪談的中文讀者有什麼特別要說的嗎？

薩：是的，隨著年事漸長，我更體認到一件事：我的思想受到一種欲求所主控——欲求擁有不同的經驗，去體驗我成長的文化之外的世界其他地方的不同文化。我一直告訴阿拉伯人：為什麼我們一直這麼關切西方？為什麼我們不往東方看？看看印度、中國、日本——這些都是偉大的文明。我當然十分急於更認識它們，甚至到那裡旅行。我去過日本，但是日本和阿拉伯之間的地方則根本沒去過。因此，對我來說那是與我閱讀過的新文化會面，也是個很好的機會以我自己的語言和另一個文化的人說話，而且也許會得到一些回饋。

附錄二

擴展人文主義

薩依德訪談錄[*]

艾德蒙森（以下簡稱「艾」）：我們能否由《開始》一書開
　始？

薩依德（以下簡稱「薩」）：是的，我想這本書有個自傳性
　的根源，那與 1967 年的中東戰爭有關。1967 年是我人
　生的分水嶺，因為在那之前我一直都是一分為二：一邊
　在美國哥倫比亞大學教書，以理論來從事英文和比較文

---

* 本訪談錄原名 "Expanding Humanism: An Interview by Mark Edmundson
　with Edward Said"，收於《野蘭花與托洛斯基：來自美國大學的訊息》
　（ *Wild Orchids and Trotsky: Messages from American Universities* [New York: Penguin
　Books, 1993]），頁 103-23，獲薩依德授權中譯。

學的研究等等，一邊往返於美國和家人居住的中東之間。

　　戰爭爆發時，我在美國這邊。那對我是個十分震撼的經驗，部分是因為距離，部分是因為巨大的動盪，直到今天我們依然處於其動盪的後果之下。我的意思是說，巴勒斯坦剩下的部分都失去了；阿拉伯軍隊被摧毀了；埃及總統納瑟於6月9日辭職，幾天之後又在大眾的擁戴中復位。我發覺自己試著接納那些事件，就在那裡偶然發現到「開始」的重要性，「開始」與「源始」是相對的，是你為自己形塑的某種東西。

　　我最近評論了柯模德的《結尾的意義》（Frank Kermode, *The Sense of an Ending*）。這本書問世時，我讀了覺得很喜歡，並在先前的《前鋒論壇報》（*Herald Tribune*）撰文討論。他的許多東西我都喜歡。但我在文中強調，依我之見，人生中關切開始比關切結尾更重要，而且我說這與情境有關。他試著把所有事情加以普遍化，並主張結尾總是最重要的事。

　　我說，不，有時開始更為重要，並且嘗試舉出例證：例如，革命時期、心靈生活和普遍意識中的某些時刻。重點在於某些時期要求重新定義一個人的情境，而中東戰爭顯然就是。為了規畫自己的走向，需要一種開

始的感覺作為起點。

這本書的主題就是其中需要一種意志的行動（the act of will）：你得說，「那是我的開始，我要朝這個方向前進。」這是得自維科的重大影響。

此書接著嘗試把這個與文學和批評扯上關係。那時我已經吸收了許多晚近的歐陸理論，我注意到歐陸理論感興趣於類似的重新定義（redefinitions），感興趣於重新形塑（refashioning）的重要性，以便能做一些新事。換句話說，這整個觀念與新奇、革命、新階段的起始（inauguration）等等有關。

因此，這些東西都匯集到一塊，而我發現這個新想法對文學研究頗多啟發，例如小說其實就與起始有關。這個想法此後就未曾離開過我，因為我一直回到它——你知道，狄福（Daniel Defoe），整個的魯濱遜計畫，在小說史上具有中心的地位。

其次就是下述一些觀念：文本是什麼？如何思考文本？文本如何經常與特殊的成規和特殊的力量連到一塊？這些觀念中有些必得和開始、決裂、起點相關。

我也接受了當時出現的批評，尤其是德希達和傅柯。

艾：大體來說，對於開始的可能性你比他們樂觀得多，是不

是？

薩：是的，絕對如此，絕對如此。我們大家，包括他們，都
很受到1968年的影響——也就是1968年驚人事件的影
響。當然對我個人來說反諷的是，我就像滑鐵盧戰役中
的法布里吉歐（Fabrizio），雖然身為哥倫比亞大學的教
師，但在動盪最激烈的時刻卻不在場。我當時休假，
1967到1968年間我在伊利諾大學，因為我得到那裡新
設的高等研究中心的獎助金。

　　1968年仲春，革命在這裡爆發時，我接到一封電
報，好像是柯克（Grayson Kirk）發出的，告訴我要召
開一項重要的教師會議，並問我「能否參加？」

　　所以我就飛到紐約。會議在法學院舉行，我來到法
學院入口，注意到那裡有警察設置的路障。我手邊沒有
任何身分證明，以致無法通行。所以我從大老遠來到紐
約卻不能與會，當然沮喪地回伊利諾。

　　但重點在於，這是動盪時期的一部分。當時也是我
所屬阿拉伯那一邊的動盪時刻，情況很令人心灰意冷。
然後就是學生的動盪，情況卻很樂觀。反正，理論上那
像是個新的黎明。

　　最重要的是，那在知識上很重要，因為讓我掙脫
了自己置身其中的嚴格的雙重結構，而以新的、尤其

是「知識的」途徑來思考——這裡說的是廣義的「知識的」。我的意思不是專業的，我對於專業從來沒有絲毫興趣。但是我看到了一種知識潛能，由於我阿拉伯這一邊生活的傾覆和我美國另一邊生活的混亂，反而產生了一種知識潛能，來為自己形塑不同的人生和產物。就是那個引發了我。

這就是我發現一些法國理論家的問題所在：首先，我發現——這絕對影響到我在《開始》一書和以後所做的事——即使像德希達之流的理論家，表面上看來掙脫了所有的結構和正統、理體中心論（logocentrism）、陽物中心論（phallocentrism）諸如此類的事，但過了一段時間便成為他們自己的——我不會稱之為「系統」，但一定可稱為「方式」（"manner"）的——囚犯。

對於傅柯我甚至更為幻滅，因為德希達的某些部分中至少有些機趣，有時甚至因為太過機趣而幾乎淪為瑣碎。兜了許多圈子、繞來繞去，最後把事情打發了，但有些有趣的見解，尤其是他早先的作品。

我覺得傅柯最初的想法根據的是監禁（confinement）的觀念——監禁和挑戰監禁、掙脫——現在我們知道這和他自己的人生軌跡有很大的關係。有個叫米樂（James Miller）的正在為傅柯重新立傳，他的論點就是傅柯一

直在處理虐待和受虐的衝動（sado-masochistic impulses），包括了早期企圖自殺。所以，這個監禁的想法對於多少圍限它、然後打開它是很重要的，這也是為什麼像沙德（Marquis de Sade）[1]這樣的人物對於早期的傅柯那麼重要。

但過了一段時間，我認為發生於德希達、傅柯和其他某些人身上的——拉岡（Jacques Lacan, 1901-1981）和阿圖塞（Louis Althusser, 1918-1990）當然如此——則是他們成為自己語言的囚犯，他們真正做的是產生更多忠於以往的作品。他們在維持自己作品的完整一致，而且最重要的是，維持對於讀者的一種忠誠，因為讀者期盼更多相同的東西。換句話說，我認為德希達對於擁有信徒和跟隨者很感興趣。

艾：他已經建立了一個學派。

薩：最菁英的學派。我對那從來不感興趣，因為在我看來是種束縛，終究是無趣的。我一直從事的是探索、自我批評、不斷改變，試著使自己和讀者驚奇。

因此，我發覺他們的作品很有問題。最重要的是，

---

1 譯註：沙德（1740-1814）為法國作家，以性倒錯色情描寫著稱，曾因變態性虐待行為多次遭監禁，sadism（虐待狂）一詞即源自其姓氏。

我發覺——最後一點——我發覺特別是在1970年代初期和之後，他們出奇地以歐洲為中心。他們只對歐洲感興趣——真正說來甚至不是歐洲中心（Eurocentric），而是法國中心（Franco-centric）。

而我一向反對任何的中心（centricity）——與它相對的則是離心／怪異（eccentricity）——不管是非洲中心、歐洲中心、美國中心或什麼中心。因為性情甚至意識形態的緣故，這和我所要做的事正好相反。

當時是1960年代末、1970年代初，對我來說開始的觀念真正也意味著開始一種很深切的政治和道德的聯繫，和1967年後巴勒斯坦運動的復興的聯繫。你知道，這些都發生在1967年和1971、1972年之間，導致1975年《開始》的出版。

我第一次感覺到可能把我人生的這兩方面整合起來，以致我在夏天及年間返回中東等等不再只是探訪家人，而是活躍的政治生活的一部分。我的家人、同學、熟人、朋友都開始成為運動的一部分，而我投身其中。

1972到1973年間，我這輩子第一次重新學阿拉伯文——我小時候學過，那是我的第一個語文，但除了在學校之外從未以阿拉伯文來學習。我上的是一所英文學校，所有用阿拉伯文上的課都是無關緊要的，主要的是

學習英國歷史、英國文學諸如此類的事。

　　1972 到 1973 年間，我休假到貝魯特，每天隨同貝魯特美國大學一位傑出的歷史語言學家上阿拉伯文的家教班。我開始以嚴肅的方式來了解阿拉伯文化和伊斯蘭文化。

　　就是那個經驗開始讓我很批判這些理論性的宣告，因為它們似乎未能回應世界上很大一部分在帝國主義之後所經歷的事情，新殖民主義的問題，以及對我來說最重要的巴勒斯坦的問題。

艾：你於 1978 年出版《東方主義》一書，並可能以此書最廣為人知。思考這本書的方式之一，就是它與傅柯及其觀念的關係。傅柯認為知識論述與權力合併創造出人類壓迫的模式，這些模式可說是無法挑戰的。你的書一方面符合這種觀念，卻又在許多方面顯著不同。在傅柯看來，大勢如此，往往無能為力。你的感覺是：愈覺知這些監禁的結構，就愈能導致相對的自由。如果我對你的了解正確的話，東方主義這種思維很普遍、勢力龐大、具有監禁的效應，卻終能擺脫。

薩：是的。大約就在那時我開始寫《東方主義》最後的章節——我要說的是，大約從 1973 年以阿戰爭之後我就開始寫那本書了。在我看來那段時間雖然並不長，但當

時存在著某些真正的希望。我所想的是敘利亞人和埃及人，和在較小的程度上，巴勒斯坦人，試圖掃除以色列對於佔領區的控制。

不要忘了，埃及人曾佔領蘇伊士運河，敘利亞人已經突破了以色列在戈蘭高地的防線，雖然當時表面上看來他們好像做不了什麼事——就像大約二十年後，每個人都說巴勒斯坦人完了，卻爆發出了因地發打的組織。

那一向最令我感興趣。我的意思是說，儘管當時有一個或另一個強有力系統——不管是經濟、社會或政治的強有力系統——的宰制，人們能如何突破。人們突破的嘗試，那種對立的性質——我想那是有關人類行為最有趣的事。

所以，那就是我對於東方主義的發現——你能夠研究它、反對它。

艾：在那本書開頭，你是這麼刻畫東方主義的：

我們把十八世紀末期當成很粗略定義的起點，可以將東方主義當成處理東方的集體建制來討論、分析——處理的方式是藉著認可對它的一些觀點，陳述它、描述它、教授它、決定它、統治它；簡言之，東方主義是西方宰制、重構、掌管東方的一種方式。我發覺此處運用傅柯的觀念來指認東方主義是很有用的，如傅柯在《知識的

考掘》（*The Archaeology of Knowledge*）和《規訓與懲罰》
（*Discipline and Punish*）中所描述的。我所要爭議的是：
若不把東方主義當作論述來加以檢視，就不可能了解歐
洲文化於後啟蒙時期在政治上、社會學上、軍事上、意
識形態上、想像上能用來掌理——甚至生產——東方的
極有系統的學科。

薩：是的。我只補充一點，書中最引我興趣的現代版本，就
是東方主義與帝國主義結合。換句話說，這種知識方式
與真正的控制、真正的宰制真人實地是齊頭並進的，或
由這種控制與宰制所製造、產生的。

　　所以，東方主義不只是對於東方神奇事物的替代經
驗；不只是模糊地想像東方是什麼，雖然其中也有那些
成分。其實東方主義與如何控制真正的人們有關；它和
始於拿破崙的實際宰制東方有關。

艾：是的。但是這樣的段落中具有傅柯式的意義：論述能開
啟宰制。

薩：是的。而且我發覺就某個意義而言，這比單純的因果現
象神祕得多。你知道，其中有著宰制。然後，又有這、
又有那的。又有論述，然後又有侵入。

　　但是差別在於傅柯似乎一直把自己和權力結盟。他
像是一種不可抗拒的、不可規避的權力的抄寫員。而我

寫作是為了反對那種權力，因此我的寫作是出於一種政治立場。最後，雖然它勢必很雜亂無章，但我試著顯示一種對反的東方主義（counter-Orientalism）的輪廓。

艾：你是怎麼得出比傅柯更樂觀的看法的？是不是你們兩人性情上的差異？

薩：不，我想真正的差異是……我想是性情上的，但如果你要指認出一個特殊的東西、一個特殊的思想風格，我想就是葛蘭西的因素。

　　葛蘭西的《獄中札記》英譯本在 1970 年代初期問世後不久我就讀了，發覺它很吸引人，卻又不盡令人滿意，因為其中有太多的省略，很難了解葛蘭西到底在講些什麼，要讀義大利文才能了解他真正的用意。在《東方主義》中的一個很重要的段落，我引用了葛蘭西的觀察：「批判性之闡發（critical elaboration）的起點是意識到自己真正是什麼，把『知道自己』當成截至目前的歷史過程的產物，這在你身上儲存了無限的痕跡，卻未留下清單（inventory）。」

　　英譯就是這樣。我去查原文，其實葛蘭西說的是：「因此，在開始時編製這樣的清單是很迫切需要的。」瞧見了沒？那就是差異。它不只是說「存在著」，還說「由『你』來編製清單」——而這是維科的影響之所以

很重要的地方——「你賦予它一種結構，能允許你來面
對它、解決它。」這在《東方主義》中對我極為重要。

　　但在寫作《東方主義》時我不可能預見——其實，
這一直都很讓我驚異——這本書後來令人難以置信的轉
變，因為它現在已經被譯成十七、八種語文。這本書已
經印行了十三年了，所有的譯本都有銷路。上週末有人
告訴我中譯本已經完成了，但還沒出版。這本書也被譯
成日文。

艾：《東方主義》這本書和下一本《巴勒斯坦問題》有沒有
　　關係？

薩：《東方主義》在 1978 年出版，而我已經更直接涉入政
　　治。但是流亡者的政治（expatriate politics）有不利的一
　　面，也就是說，總是置身遠處。在我還很年輕的時候，
　　即使到處旅行，但仍然持續教書。

　　　然而，1977 年我成為巴勒斯坦民族議會的一員，那
　　時我想到繼續寫《東方主義》是很重要的事。那是一本
　　一般性質的書，所觀察的對象是一些特殊的例子——但
　　你也可以反過來說，因為《東方主義》對於「東方」真
　　正是什麼並未置一詞。

　　　我那時要寫的是個完全介入的政治論文——我的意
　　思是說，自己從未假裝它絕不是政治論文。如果你記得

的話，開始時我提出了許多和《東方主義》相同的論點，雖然這次特別指涉的是巴勒斯坦。我要從受害者的角度來展現巴勒斯坦。

我認為自己創造出另類歷史（alternative history）這個看法，我在《巴勒斯坦問題》中曾舉了一個例子。因此，這本書與《東方主義》直接相關。

其實，《東方主義》、《巴勒斯坦問題》和《採訪伊斯蘭》三本書多少是接連寫出的，彼此相隔不到一年問世，我想其中兩本在同一年問世（譯按：此處薩依德記憶有誤，這三本書分別出版於 1978、1979、1981）。

《巴勒斯坦問題》的目標是把巴勒斯坦的案例放在美國讀者面前。這本書的對象不是阿拉伯人，而是西方讀者，因為西方在巴勒斯坦的形成上已經扮演了很重要的角色。也就是說，猶太復國運動大都來自西方，受到西方的支持。

我要讓美國人感受到從巴勒斯坦人的角度來看，巴勒斯坦的流離失所和疏離意味著什麼。這是我頭一次能從自己的經驗來寫這件事，而我試著以這本書達到更廣大的讀者群。其實，這本書的出版煞費周章。

艾：怎麼了？

薩：事實上，1970 年代中期到晚期，有幾位出版商與我接

觸，要我寫一本有關巴勒斯坦的書。第一位與我接觸後退卻了。然後，第二位或第三位或第四位給了我一份合約。1978年夏天我把書交給燈塔出版社（Beacon Press）——我記得很清楚，因為那年夏天我感染肺炎——我接到他們一封很長的回信，署名的是委託我寫書的那個女人。她等於是要我寫另一本書，我當然很生氣。

所以我說：「那麼一來，你是在取消合約！」

她說：「不是。」

而我知道這種方式不是要我另寫一本書，就是退還訂金。所以我就把訂金退給她。

於是我找其他一些出版社。我去找出版《東方主義》的萬神殿圖書公司，把稿子拿給席夫林（André Schiffrin）看，他拒絕出書，說它的歷史性不夠。

我說：「那是什麼意思？」

他說：「這個嘛，你沒有談石油。」

我說：「以色列人或猶太人和阿拉伯人爭奪巴勒斯坦，石油根本不是爭議的中心。」

而我了解他所說的是意識形態的說法。

所以，我去找其他兩、三家出版社，最後，在一連串的機緣下，1978年秋天為紐約時報書系（New York Times Books）所接受、出版。

　　然後藍燈書屋（Random House），特別是席夫林，購買了這本書的平裝本版權。那真是諷刺。他們原先不願出版，但成功之後卻又要它。

艾：拒絕出版這本書恰好證明了《東方主義》的論點？

薩：正是——那就是整個要點。他們不要「他者」發言。他們不要我談論這些事情。我所說的是以往英文的主流出版物中從未說過的。在1970年代末期，相關的作品絕無僅有。巴勒斯坦人已經很明顯地成了恐怖分子，而他們要維持那個樣子。

　　那就是《巴勒斯坦問題》的論點。而且，如果我可以這麼說的話，這是巴勒斯坦人頭一次以英文、頭一次清楚地說：「我們必須和以色列的猶太人生活在一起。」在那本書的後面部分我提出了共存（coexistence）的論點，指出軍事絕非解決之道。這些事情現在得到回應——其中許多不只在巴勒斯坦人的文章中得到回應，也在以色列人的文章中得到回應。但我想我是頭一批真正從巴勒斯坦人的角度清楚說出那件事的人。

艾：身為文學學者和涉入政治議題，兩者之間的關係會不會緊繃？還是互補？

薩：我想對我而言大體是互補的。緊繃則來自下列事實：我傾向於抗拒政治的急迫性——那些與權威、權力、對

抗、迅速反應有關——原因很簡單，因為我一直要保有隱私以便自我反省等等。我試著停留在某種直接的政治職位之外——天曉得有多少人向我提供或暗示這些職位——為的是能以這種文學的方式來反省，那需要更多的時間、需要更多的孤寂。

政治在某些方面來說是種群眾藝術。這是與許多人相處的藝術，而我生性不是如此，雖然我能很友善、與人應對。

艾：你覺得你在政治文章中所說的事情曾使自己妥協嗎？

薩：這個嘛，自1970年代末期起我就得處理那個問題，因為一個人要面對許多不同的訴求對象。一方面我為直接的讀者寫作，你知道，那些人不是學院人士，而是以政治的方式介入。因此，在美國我的訴求對象是由值得我考慮的人士所組成——讓我們稱之為自由人士——這些人對於中東感興趣，但既不是阿拉伯人，也不是猶太人。

還有就是決策者、官員等等，能向他們發言對我來說是很重要的事。我把他們列入考慮。還有就是族裔和政治的訴求對象。比方說，我在寫《巴勒斯坦問題》時，處理的是這個國家中大致單一、但並不完全單一的所謂「猶太社群」，我的興趣是引起他們的注意，把事

情導入焦點——那本書部分達到了這個作用。當然，不
只是這樣，還要接續它，要發言。我說了好多好多話。

　　一邊是我的文學和文化的事物，另一邊是我的政治
工作，而我總是嘗試在兩者之間維持平衡。還有就是巴
勒斯坦社群。我的意思是說，我有很大程度是對阿拉伯
人和巴勒斯坦人寫作。但是，當然，我們那麼涇渭分
明，所以我遭到許多攻擊。比方說，《巴勒斯坦問題》
出版時，人民陣線（the Popular Front）出版了一張巨
幅印刷品攻擊我，攻擊我妥協，攻擊我——什麼來著？
——投降主義，各式各樣的話都出籠了。其他人則稱讚
這本書，你知道。因此，我很清楚自己的工作所訴求的
對象。

艾：這使我想到，在某些方面你的方法來自阿諾德和崔靈的
　　人文主義傳統，而你要人們做的是把人文主義的價值應
　　用到比阿諾德或崔靈廣泛得多的方面上。

薩：或者說更一致。更一致。你瞧，因為我和廣泛的人文主
　　義傳統沒有不合之處。過去七、八年來我在做的一件事
　　就是撰寫《東方主義》的續集。我一直在寫一本大書，
　　書名叫《文化與帝國主義》（將於1993年1月出版），
　　研究的就是廣泛的人文主義原則，我所受的教育、覺得
　　很自在的西方原則，總是受限於國界。

　　我舉個例子：托克維爾，是吧？我認為，他在《美國的民主政治》（*Democracy in America*）一書反省美國，大力批判美國對待印第安人、黑人、南方奴隸制度的方式。

　　同時，或者在那之後不久，托克維爾因為身為法國國會的一員，對於法國在北非的殖民政策涉入很深。法國人在阿爾及利亞施行更殘暴的虐待、屠殺諸如此類的事，他卻辯稱是正當的。然後你就知道使他前後矛盾的是一種國家主義，這種國家主義說，可以批評他們，但一牽涉到「我們」的話，我們總是對的。

　　我一向痛恨那類事情。我認為那是我在知識上、道德上、政治上一向反對的頭號部族偶像（idol of the tribe）。我的意思是：說什麼應該存在著三、四套原則，作為人們彼此行為的依據，這在我看來是最難去除的一種觀念。

　　你在穆勒身上也看得到，他是自由、民主的偉大倡導者，我們都從他學到很多。但他在印度任職時，只是一味提倡印度人繼續依賴、臣服。在我的新書中，我嘗試提出這些東西，並顯示它們真正如何在運作。

　　接著我討論去殖民化（decolonization），這是我在《東方主義》中所沒做的，在那裡我只是從歐洲的一面

來討論。我的書有一整篇是關於我所謂的反對與抗拒，
從白人踏上世界任何角落——新世界、拉丁美洲、非
洲、亞洲、任何地方——的那一刻起，就有抗拒，而且
逐漸升高，直到二次大戰之後那個時期所發生的偉大的
去殖民化，創造了一種特殊的抗拒與解放的文化，那就
是我在書中所討論的。你瞧，那是我在《東方主義》中
所沒做的，現在則要嘗試並顯示另一面。

　　在新書中我對國家主義提出批判——其短處和必要
——因為我就成長於戰後第三世界民族主義的那個世
界。你瞧，這是我的兩個世界：西方世界和第三世界。
要抗拒帝國主義就必須有民族主義，但民族主義緊接著
就變成了盲目崇拜本土的本質和認同。你在像埃及這種
國家就看得到。你在像敘利亞這種國家就看得到。你在
薩伊、伊朗、菲律賓就看得到。其中的高潮當然就是去
年春天美國和伊拉克的戰爭——依我之見，這是墮落的
民族主義的戰役。與之俱來的就是認同、本質、英國
性、美國性、非洲性、阿拉伯性等觀念。你所能想到的
每個文化多少都做這種事。

艾：是的。與你對於民族主義或種族主義的批判同時而來
　　的，似乎就是許多對於宗教、超越哲學的懷疑。

薩：對我來說宗教是兩件事。我成長的那塊土地完全沉浸於

宗教。巴勒斯坦唯一自然的事業就是製造宗教。我的意思是說，如果稍微想想的話，那就是我們所做的，不是嗎？我在阿拉伯教會長大，我的外曾祖父對教會貢獻很大，他把《聖經》翻譯成阿拉伯文，也是第一個本地的新教徒。我來自新教的家族，是希臘正教的一支。你瞧，在我們那個世界，傳教士幾乎無法使任何猶太教徒和伊斯蘭教徒改變信仰。他們唯一能勸服改信的是其他基督徒。

因此，我父親那一邊由希臘正教改信聖公會或英國聖公會的新教，而我母親那一邊則是改信浸信會和福音會。我的外祖父是浸信會牧師。因此，我是在那種宗教環境下成長的，也是在英文─阿拉伯文雙語環境下成長的。我知道兩者的儀式，而英國國教祈禱書、阿拉伯文聖經、讚美詩等等對我意義深遠。

宗教作為私人的自傳經驗，我沒有任何疑慮。而且在我成長的那個世界裡，那些少數的基督徒有一種社群感。我們是少數。

我厭惡的是挾持宗教以達到政治目的，這是第二種現象。基本教義派──這個惹人反感的術語只牢繫在伊斯蘭教徒身上──當然存在於我們那個世界的猶太教和基督教，也存在於現在的美國。

艾：現世性對你來說具有中心的意義。

薩：現世性、世俗性等等對我來說是關鍵的字眼。這也是我對宗教的批判以及覺得不安的地方，最近我對術語覺得很不自在，我的意思是說，批評和專業的特別的個人語言等等；我可沒空做那些。對我來說更重要的是寫得讓人了解，而不是誤解。

　　因此，我的批判不是針對宗教有系統的批判，而是針對宗教的狂熱現象——也就是說，回到某本書，嘗試把它帶回到現在。那個現象類似本土主義（nativism），你知道，這種觀念認為你必須逃避現存的嚴重困擾的情境，並在過往的純粹本質中尋找慰藉。還有就是組織的方面，這和各種公會、協會、私人的控制領域有關——在我看來，這些自動意味著對於特定的他者的暴虐與折磨。

艾：在學院裡政治批評現在變得很普遍。我知道你最近曾與人交鋒，這件事大概可以說明一些新的發展。

薩：這個嘛，這件事很好笑，而且我想我們當中許多人都有過那種經驗。事情發生在普林斯頓大學的達維斯中心。我交去了大約三、四十頁有關帝國主義的新書緒論。程序上是事先把文章送去，然後討論。有很多人出席，大都是研究生和教師，令我印象深刻。

　　主持人摘述了我的論文，我表示了一些意見，然後開放討論。第一個評論指出在我的文稿前十三、四頁沒有提到任何現今活著的非裔美國女性等等。聲稱我所引用的大都是已過世的歐洲白人男性。

　　由於我討論的是十九世紀末歐美的地理和比較文學這些很分歧的領域中的某種世界性思想，我就說要我來談論任何活著的非白人女性是不恰當的。

　　這個女人說：「是的，但你談到了詹姆斯。」

　　我說：「是的，就是嘛，他不是歐洲人。」

　　我得到的唯一回應就是對於詹姆斯的駁斥，而詹姆斯對我來說是很重要的，我寫過很多文章討論他。問題是，他已經死了。那就是對我的敵意的一部分。

艾：那個問題懷有敵意嗎？

薩：是的，深懷敵意。我的意思是說，提出這個問題時，甚至在提出問題之前，都是很懷敵意的。後來午餐時，她對我甚至更嚴苛，指控我這、指控我那的。

　　我就說：「聽著，我想你大概不知道我是誰。我想你從來沒讀過我寫的任何東西，因為我絕不像你所指控的那樣。」

　　她對我說：「該是把你送回去的時候了。」她說：「我現在要把你送回你們白人那邊。」她起身離桌，大

手一揮，像是要把我揮走似的。我認為那真是惹人震怒。

　　那場討論會的另一個發言者是位退休教授，我認識他大半輩子了（他也是阿拉伯人），他為東方主義辯護，說東方主義對我們是件很好的事。這個嘛，我認為他說的不是我們，而是外頭那些人，因為如果沒有產生東方主義的帝國主義，「他們」就不能做任何事等等，而歐洲人教我們如何閱讀楔形文字和象形文字，了解我們自己的傳統，這些是我們自己做不來的。

　　有關文化之間關係的學術論述（那是我真正討論的）以及不同團體之間關係的學術論述，不是顯著的衝突（必須支持一方，反對另一方），就是以同樣可笑的方式加以完全化約──這種論調在我看來荒謬透頂。你知道，有人說：「這個嘛，這全是帝國主義」；另一個人說：「沒有帝國主義，我們就一無是處」。我覺得那令人沮喪。

　　大問題之一就是，在這場愚蠢的辯論中，雙方有關典律、文化、大學等等的爭議，基本上都資訊不足。首先，他們不探索西方的歷史經驗，或非西方的歷史經驗。

　　其次，他們都是很差勁的讀者，認為整個傳統能可

笑地化約為「這都是種族歧視」或「這是這件事、那件事或其他事」。那在我看來完全違反了如反帝國主義或女性主義所提供的異議傳統（dissenting traditions），變得愚笨、化約。而那在我看來很拙劣地反映出的不是美國學界（我對美國學界有很正面的感情，拿任何東西來交換我在其中的生活我都不會答應），而是學界的那些操控者，他們就某個意義而言變成了場內經紀人，從中求取生涯，像德蘇沙（Dinesh D'Souza）和他的對手。

艾：你認為為什麼現在會興起對於學界的爭議？

薩：我並不太清楚。很難說。也許……這個嘛，我可以臆測。一個原因就是在我看來學界完全和世界分離。尤其美國學術界有一種獨特的無知，學院人士自認為可以談論這些一般性的議題，卻除了對學界和晉升有利的事之外，沒有投入任何社會或政治機構。這是其一。

　　我想，美國在世界上的地位也是原因之一。我們大多數人都可以用那種方式行事，因為我們特別沒有受到外界的影響。我的意思是說，瞧瞧在伊拉克的戰爭。那是我一生中最恐怖的經驗之一，我接受很多訪問、發表很多演講、寫了很多東西討論那場戰爭。但對大多數美國人來說，那只不過是一場遙遠的電視戰爭。這場戰爭被那些學院人士所遺忘。沒有人反對它。

　　因此，就這方面我認為，巨大的帝國主義勢力不為外界事物所影響，這種情況是極大的奢侈，就像王爾德的劇本《不可兒戲》（ *The Importance of Being Earnest* ）中的人物，整天只為自己的名字喋喋不休。

　　我認為第三點就是學術專業化的看法。學院人士已經失去和所謂「真正人生的存在性密度」（the existential density of real human life）的接觸，他們淨用些術語來說話。

　　我不知道。這些只是臆測之詞。我不知道為什麼現在會發生這種事。

艾：讓我更大膽地臆測涉及你自己作品的事。

薩：好的。

艾：如果縱觀學術界的文學史，似乎真正發生的情況是：有些人在他們的領域極有創意——比方說，新批評家中的布魯克斯（Cleanth Brooks, 1906-1994）和溫瑟特（W. K. Wimsatt, 1907-1975）——而往後的幾十年，他們的徒子徒孫則是為了各式各樣的目的把那項成就化為例行公事。

薩：是的。

艾：在美國學界中，你和其他很少數人寫出了很強、很有創意的政治取向的作品。但是，任何批評在學院裡產生

時，無可避免地會變成只具字面的意思。

薩：是的。

艾：而且遭到化約，甚至轉而反對其創始者。

薩：而且遭到窄化。

艾：是的，被那些寫博士論文的人窄化，因為他們必須有術
語來寫論文。

薩：不，我想那是真的。

艾：那是反對它的說法嗎？那是反對批評的政治化形式（a
politicized form of the criticism）的說法嗎？你了解我所
說的嗎？如果要經過博士論文這一關，就會變成——

薩：不，因為那種事總是會發生。那不是……我想，我不直
接回答那個問題，而要先把你的注意力引到一個事實，
比方說，現在有康拉德產業（Conradian industry）、
喬伊斯產業（Joycian industry）、葉慈產業（Yeatsian
industry）、狄更斯產業（Dickensian industry）。那和政
治無關。也許你可以稱之為次論述（sub-discourse）。

艾：一點也不錯。

薩：但是，有人把狄更斯、康拉德和所有我們談論的那些人
化為例行公事。那種情況適用於所有學門。你可以說，
那是我們所談論的論述的專業化（the professionalization
of the discourse）。

艾：但是，喬伊斯成為一種產業，而且對一些批評家來說被
　　化為例行公事，這在我看來並沒有大害。非裔美國人的
　　困境成為一個產業而且被化為例行公事時，人們站起來
　　叱責你是個種族歧視者，而所根據的是你沒有提到甲、
　　乙、丙的名字，那看起來的確是有害。

薩：是的。好的。我了解你的意思了。但是難道就要因此主
　　張把像種族、戰爭、其他文化的疑義、文化之間的關係
　　等等議題從學術的檢視下移開？我認為那不是解決之
　　道。

　　　　我認為我們需要的是認識大學是什麼，你了解嗎？
　　這裡我想我們失去了我一直提到的來自詹姆斯的精神，
　　而他又是從賽沙爾借來的：「沒有一個種族能壟斷美、
　　才智、力量；在勝利的集會中，每人都有一席之地。」
　　（"No race possesses the monopoly of beauty, of intelligence,
　　of force, and there is a place for all at the rendezvous of
　　victory."）

　　　　換句話說，許多當前的政治批評中隱含的族裔成分
　　是：學院世界是個競爭的場域，人們試著把意見不合的
　　人甩到一旁，讓自己高高在上。那在我看來是對學術探
　　索的斲傷，因為學術探索的本質不是嘗試以獨尊一家、
　　打壓異己的方式來解決所有競爭，而是嘗試藉著我所謂

的「知識工作」（"intellectual work"），研究、討論的知識過程等等來包容，並且防範窄化、例行化——自己一旦上了竹筏，就使勁把其他人全推下去。

　　我認為這可以用知識的方式來完成。我談論的不是社會工作或警察工作。我談論的是知識工作，主張學院不是——這是我嘗試表達的觀點——學院「不是」解決社會—政治的緊張狀態的地方。下面這些話也許是老生常談，但學院是「了解」它們的地方，了解它們的根源，了解它們的進行方式，其中相關的是知識過程。所以，在那個意義下，我認為答案不在於去除政治化的討論，而是以更寬宏、開放的精神去從事政治化的討論。

艾：人們把新批評化為例行公事時，有些新批評家說：「這是善用這種特殊的方法」，也有人說：「這稱不上是善用」。而這都與個別批評家的細膩、表現、敏銳有關。我想，政治批評也可能如此。

薩：但是，我認為在文學、人文領域中，大多數人不能很明確地意識到閱讀文學文本和國家或國際政治之間的限制和可能的同步現象。這些是很不同的東西。大多數人都從文學或知識的議論一躍而到政治的說法，事實上是不可以這麼做的。我的意思是說，你如何從文學詮釋調整到國際政治？那很難。

　　而大多數嘗試這麼做的人都很無知，就像和我爭辯的那個學院人士的說法所顯示的，她說但是詹姆斯「已經死了」。那根本不是論證的方式！那只是愚笨，需要加以揭穿、打消。

艾：但我認為你這裡所正確描述的那些人當中，有些會說他們的重要影響之一就是薩依德。

薩：是的，我了解你的意思。這個嘛，我會說他們愚蠢地誤讀了我的書。比方說，我手邊有篇《世界‧文本‧批評家》的書評，刊登於一個主要的猶太組織的應景刊物，指稱當我談論「世俗的批評」時，是在用一種玄奧的方法提出巴勒斯坦解放組織的目標：藉著殺害所有以色列人，以建立一個世俗的民主國家。那篇文章真的是那麼說的。

艾：那是一種創造性的誤讀。

薩：正是！一種惡意的創造性誤讀。所以作者不能總是為了誤讀他的人而被責怪，如果你懂我的意思的話，雖然我想作者可能也要受到相當程度的責怪。所以你得寫得更多、解釋得更多。我不像自己很崇拜的喬姆斯基，不斷回信或回應錯誤的說法，但我多少試著這麼做，而時間總是不夠。我總是涉入我要做的其他事情當中。

附錄三

永遠的知識分子薩依德
為《知識分子論》增訂版而撰 *

單德興

知識分子的代表是在**行動本身**，依賴的是一種意識，一
種懷疑、投注、不斷獻身於理性探究和道德判斷的意
識；而這使得個人記錄在案並無所遁形。知道如何善用
語言，知道何時以語言介入，是知識分子行動的兩個必
要特色。

——《知識分子論》，頁 71

---

* 薩依德於 2003 年 9 月 25 日與世長辭，身為其研究者、中譯者、訪談者的
我，當然感受頗深。為配合薩依德第一本中譯專書《知識分子論》增訂
版的印行，特地綜合、改寫先前所撰諸文，以示崇敬與追思。文中有關
《知識分子論》的頁碼係根據本書。

前言

　　巴勒斯坦裔美國學者薩依德（1935-2003）在學術上是
蜚聲國際的傑出學者，他的著述產生了典範轉移（paradigm
shift）的效應，公認是後殖民論述的重要奠基者；在公共領
域上，他是當代美國最著名的公共知識分子之一，也是巴勒
斯坦人甚至中東地區在西方的主要代言人，每當巴勒斯坦或
中東發生事件時，媒體和大眾都想知道他的看法。薩依德不
但關心知識分子的議題數十年如一日，而且積極結合學識與
政治關懷，付諸具體行動。雖然他在1991年健康檢查時發
現罹患慢性淋巴性白血病（俗稱「血癌」），令人心生「斯
人也而有斯疾也」之嘆，而且自1994年起不斷進出醫院，
接受各種治療，然而即使惡疾纏身，他依然著述、教學、演
講、訪談、旅行、欣賞音樂不斷，不僅時有新作問世，而且
題材之廣、見解之深、關懷之殷令人感佩，意志堅毅無比，
直到2003年9月25日於美國紐約與世長辭，真可謂鞠躬盡
瘁，死而後已。骨灰依其意願葬於曾度過青少年時光的黎巴
嫩，以示回歸阿拉伯故土。

緣起

　　1993年英國廣播公司邀請薩依德發表李思系列演講。此

一年度系列演講是為了紀念曾任該公司總經理和董事長的廣
播界名人李思而於1948年創設，第一位講者是英國哲學家
及異議分子羅素，此後應邀演講的也盡屬名流。薩依德在後
來演講結集出版的《知識分子論》序言中回憶，幼時便聽過
李思系列演講，印象最深的就是1950年的講者歷史學家湯
恩比（頁40）。

　　對於在英國佔領的中東地區出生、成長，在開羅接受英
美教育，在廣播中經常聽到「倫敦今天早晨表示」——以致
在幼小的心靈中，倫敦就是真理的代名詞（頁40）——的薩
依德來說，能從曾被英國殖民的中東（後來成為沒有祖國、
流離失所的巴勒斯坦人）來到大英國協的中心倫敦，透過素
有盛名的英國廣播公司向英語世界演講，不僅是極高的殊
榮，也比其他來自英美主流社會的講者有著更深的感觸，因
為「殖民主義和帝國主義對我來說不是抽象，而是特殊的經
驗和生命的形式，具有幾乎不堪忍受的具體感」（"Interview
with *Diacritics*"，頁36）。他將如何運用這個難得的機會立足
倫敦向英語世界發言，著實令人矚目，因為誠如他在書中所
言：「知識分子顯然是要在最能被聽到的地方發表自己的意
見，而且要能影響正在進行的實際過程，比方說，和平與正
義的理念。」（頁155）意義深遠的是，薩依德選定的主題：
"Representations of the Intellectual"（直譯為「知識分子的代表

／再現」）。[1]

再現／代表的意義與重要性

綜觀薩依德多年來的學術論述、政治評論、教學、演講
及接受媒體採訪，若說「代表／再現」為其主要觀點實不為
過，而他在扭轉世人對巴勒斯坦人的觀感方面也發揮了無與
倫比的影響。卡利迪（Rashid I. Khalidi）便指出：「在塑造
美國大眾心目中巴勒斯坦人的人性觀念上，薩依德的貢獻肯
定超過任何人。」（頁162）著名的中東三部曲《東方主義》
（1978）、《巴勒斯坦問題》（1979）、《採訪伊斯蘭》（1981）
的主要關懷就是強勢、主流的歐美世界如何來想像、觀看、
再現、區隔、圍堵、宰制他者（the Other）。[2] 較特別的是

---

[1] 至於為何譯為《知識分子論》，本人在〈緒論〉中特別指出，「中譯難以
兼顧這些涵義，只得勉力譯為《知識分子論》，取其中譯可能衍生的另一
些意思：『知識分子本身的論述』以及『有關知識分子的論述』——就本
書而言，更是『知識分子討論知識分子的論述』，而在此代表／再現中，
其實更代表／再現了薩依德。」（頁34）有關薩依德作為知識分子以及他
的知識分子觀，詳見筆者長文〈代表／再現知識分子：薩依德之個案研
究〉。

[2] *Orientalism* 的兩個中文全譯本為1999年5月北京三聯書店出版的《東方
學》（譯者為王宇根），以及同年9月台北立緒出版的《東方主義》（譯
者為王志弘等六人，並由傅大為等三人校訂）。有關此書的四種中文翻
譯（含全譯及節譯）的比較，詳見筆者〈理論之旅行／翻譯：以中文再

《最後的天空之後》（1986），由他從德裔瑞士籍攝影師摩爾
所拍的數千幀照片中挑選出一百二十幀，並以抒情手法配合
撰寫自己的所思所感，圖文並茂地代表／再現日常生活中
的巴勒斯坦人，打破了巴勒斯坦人不是難民就是恐怖分子的
刻板印象。在他自稱是《東方主義》續集的《文化與帝國主
義》（1993）中，代表／再現依然為主要關懷，而且增添了
地理（geography）和抵抗（resistance）等面向。我們甚至可
以說，他無時無地不在關切代表／再現的議題。在李思系列
演講中則更明列為標題。

　　至於知識分子此一議題，正如徐賁（Xu Ben）所言，在
薩依德的對立批評（oppositional criticism）裡具有中心的地
位（Xu ix），徐賁並把薩依德視為「關切一般的政治，尤其
文學政治，的知識分子—批評家」（Xu 3）。在訪談中回答
筆者詢問的一些重要觀念，如「再現」、「世俗性」、「現世

現 Edward W. Said——以 *Orientalism* 的四種中譯為例〉。*Covering Islam* 的中
譯本於 2002 年 6 月由台北立緒出版，名為《遮蔽的伊斯蘭》（譯者閻紀
宇）。筆者在為該書所寫的〈序：報導・掩飾・揭露——東／西二元對立
及其不滿〉中指出，原書名中的 "covering"「一語雙關，有『［正在］採
訪、掩飾』之意，而中文的『「採」「訪」』一詞也暗示了具有選擇性，
而非全盤實錄」（頁13），而且全書挑戰並質疑西方主流媒體所再現的伊
斯蘭形象。因此，本文使用《採訪伊斯蘭》之名，而不是《遮蔽的伊斯
蘭》，以求忠實於作者的理念。

性」、「抵抗」、「另類」、「遊牧」、「混雜」、「對位」、「批判意識」之間的相關性後，筆者追問：「我們能不能進一步說，知識分子的觀念，或者你本身作為知識分子，把這些凝聚到一塊？」薩依德回答：「是的，就某個程度而言，是的。我想是如此。」（頁196）

　　薩依德在《東方主義》中仔細分析了多少世紀來歐洲人如何看待東方，結尾時筆鋒一轉：「我嘗試提出一整套涉及討論人類經驗的難題：如何**代表／再現**其他文化？……知識分子的角色為何？……他應該賦予獨立的批評意識、**對立的批評意識**何種重要性？」（頁325-26）七年後的〈再論東方主義〉（1985）一文開宗明義指出：「《東方主義》中最重要的一般議題是代表／再現，權力與知識，知識分子的角色，文本與脈絡、歷史的關係。」（頁89）這個說法足以證明代表／再現與知識分子的關係早為其重要關懷，唯在《東方主義》中未及申論。再者，《採訪伊斯蘭》全書最後一段明言：「對於其他文化——尤其伊斯蘭文化——的每個解釋底下，都是個別學者或知識分子所面對的選擇：把才智用來服務於權力，或是服務於批評、社群和道德感。在今天這個選擇必須是第一個詮釋行動，必須產生決定，而不是拖延。」（頁164）此外，從《知識分子論》中提到「代表／再現」的各處，大抵可以看出薩依德對於此詞的一些認定，及其與

知識分子的重要關聯（頁62、63、65、71、84、155、167、175），而他在演講八個月後所添加的序言中更言簡意賅地表示：「首先當然就是這個觀念：所有知識分子都對他們的閱聽大眾代表了某事，而在這麼做時也向自己代表了自己。」（頁46）

　　總之，在此系列演講的脈絡中，「代表／再現」與「知識分子」的關係密切，並具有數種重要涵義。簡言之，一方面知識分子本著自己的見解及良知，堅定立場，擔任眾人喉舌，作為公理正義及弱勢者／受迫害者的代表，即使面對權威與險阻，也要向大眾及有權勢者表明立場及見解；另一方面，知識分子的一言一行也在在代表／再現了自己的人格、關懷、學識與見地。

　　因此，該系列演講題目本身便繁複多義，並涉及下列重要議題：知識分子的定義如何？作用如何？角色如何？他們在何時、何地、為誰、為何、如何來代表／再現？進言之，此系列演講也彰顯了下列事實：薩依德如何來代表／再現知識分子？在他的代表／再現中，又如何代表／再現了身為知識分子的自己——或者更精確地說，如何代表／再現出身於第三世界殖民地、在美國常春藤名校受教且任教數十寒暑、並積極投入巴勒斯坦自決的知識分子薩依德？

長期關懷「知識分子」

　　薩依德對知識分子的興趣並非始於應邀演講之時。細查其著作，早在1975年出版的第二本專書《開始》就已初露端倪。在這本厚逾四百頁的鉅著最後一章最後一節，薩依德突然筆鋒一轉，引進了「知識分子」的主題，援用傅柯和德勒茲（Gilles Deleuze）對於知識分子和理論的看法，並說：「我認為傅柯和德勒茲把他們去中心的哲學（philosophy of decenterment）視為具有革命性並非沒有道理，至少此觀點仰賴的是這種知識分子的看法：知識分子自視在本行和其機構的支持（institutional supports）中扮演著反對的角色。」（頁378）他在結論時並簡要闡釋「開始」與學術、批評、知識、權力、再現、知識分子等的關係（頁380-81）。

　　在次年與文學批評期刊《析辨》（*Diacritics*）的訪談中——這是薩依德第一篇、也是唯一以書面進行的訪談，具有特殊的意義——薩依德對於《開始》一書的結構有如下的說法：前五章是暗示，最後討論他心儀的義大利歷史哲學家維科的專章則是明言（頁39）。我們不妨也仿此而說：此章甚或此書所討論的議題，其實歸結到薩依德對於知識分子、學術、理論、批評、知識及權力等的關懷。

　　此後，他對於知識分子的觀察層出不窮，而且往往出

現在論文或專書的結論或關鍵處，[3]有時甚至讓人覺得未必與論述的主題密切相關，由此可見他對此議題的執念，其中以知識分子為名的論著包括了〈知識分子綏夫特〉、〈後殖民世界中的知識分子〉、〈第三世界知識分子與都會文化〉等。《流離失所的政治》第三部標明為「政治與知識分子」（"Politics and Intellectuals"）。2001年出版的《權力、政治與文化》蒐集了他從1976至2000年間的二十九篇訪談，其中以知識分子為名的就有三篇：〈美國知識分子與中東政治〉（頁323-42）、〈知識分子與戰爭〉（"The Intellectuals and the War"，頁357-67）和〈《東方主義》、阿拉伯知識分子、馬克思主義與巴勒斯坦歷史中的神話〉（"*Orientalism*, Arab Intellectuals, Marxism, and Myth in Palestinian History"，頁437-42），而索引中「知識分子」之下便細分了二十九項（頁470-71）。這個議題對薩依德的重要性還可由下列事實看出：威廉斯（Patrick Williams）所編四冊有關薩依德的評論集中，第一冊的第一部便是「知識分子與批評家：立場與爭議」（"Intellectuals and Critics: Positions and Polemics"），收

---

3 以《知識分子論》出版之前的專書為例，如《東方主義》頁325之後，《開始》頁378之後，《採訪伊斯蘭》全書末段（頁172-73），《世界・文本・批評家》全書末段（頁292），《文化與帝國主義》全書最後一句（頁336）。

錄了十四篇討論薩依德的論文以及三篇與薩依德的訪談（頁
3-334）。因此，如果宣稱「知識分子」是薩依德畢生最主要
的關懷之一，實不為過。

　　然而更重要的是，「知識分子」對於薩依德絕不只是研
究的議題，純粹為了滿足知識的探索及好奇，而是具有更深
沉的實踐的意義。他曾在許多場合指出，1967年的中東戰
爭是他人生的轉捩點：在那之前，學術與政治分屬兩個不同
的範疇；在那之後，二者合而為一。最明顯的產物就是中東
三部曲。換言之，薩依德身為少數在英美世界握有發言權的
第三世界菁英人士，「知識分子」這個課題對他既是理念的
探索，也是實踐的指針及檢驗的標準。李思系列演講以此為
題，自然令人產生「夫子自道」的聯想。雖然他在該書的序
言中有意撇清，聲稱並無自傳的色彩，但不論是演講時的聽
眾或結集出版後的讀者，大都不作此想，甚至把此書視為大
半生致力於學術及政治活動的知識分子薩依德對於「知識分
子」的理論與實踐的歸納性看法。

《知識分子論》的理念與架構

　　《知識分子論》是薩依德畢生有關此議題最詳盡、有系
統的論述。全書不但保有他慣常的曉暢風格，更因為是廣

播稿而顯得平易近人。我們細究全書的章節結構，便可看出
綱舉目張的六個重點——知識分子的範圍與形成，反對褊狹
的國族論與本土論，知識分子的邊緣處境，專業之不足、業
餘之有利，堅持批判意識、對權勢說真話，世俗批評的重要
性。這些大都已出現於過往的作品中，彼此密切相關，在此
書中更統攝於知識分子的主題下。相關的論證詳見本書各
章，此處不贅。[4]

　　「知識分子」的議題原本就異常繁複，難以處理。薩依
德對此議題念茲在茲，多年的關切使其益形複雜。選擇在
舉世聞名的電台向全球英語大眾演講，尤其困難重重。由本
書的章節安排可以看出其中的邏輯關係：界定→立足點→流
亡→業餘者→批判意識→世俗批評。在回答筆者詢問他多年
來所提出的重要觀念之間的關聯時，薩依德提到兩條主線：
「其中之一就是複雜性與同時性……這包括了『對位』、『另
類』和『抵抗』……第二條主線就是強而有力的歷史意識，
在這方面我回到維科。」（頁196）二者又可歸結於流亡者的
身分以及堅持人類自由、平等的信念——即流亡（邊緣、另
類、業餘）和世俗性（批判意識、人世標準、打破偶像）。

---

[4] 有興趣知道各個主題及其在薩依德學思脈絡中之意義的讀者，可參閱筆
　　者〈代表／再現知識分子：薩依德之個案研究〉。

套用徐賁的觀察，前者來自「他作為巴勒斯坦人的身分政治」及其延伸，後者來自「體現為他的批評活動的人道主義政治。」（〈從〉，頁261）[5] 二者都透過行動——主要是適時、果決的語言介入——而落實、代表／再現於知識分子身上。

　　按照薩依德的說法，知識分子的代表／再現，其實代表／再現了知識分子本身；而薩依德對知識分子的代表／再現，更代表／再現了身為知識分子的薩依德本人。簡穆罕默德曾以「反射的邊境知識分子」（Abdul R. JanMohamed, "the specular border intellectual"）來描述薩依德這類人士的處境及意義：「〔反射的知識分子〕也許同樣熟悉兩個文化，發現自己不能或不願在這些社會『安身落戶』。反射的知識分子陷於數個文化或團體之間，卻沒有一個文化或團體足以發揮充分的力量，因此必須分析、檢視這些文化，而不是綜合它們；他們運用自身帶有罅隙的文化空間作為利基，或明或暗地定義團體形成的其他烏托邦式的可能性。」（頁97）正是由於流亡的處境，他們才得以出入、游離於文化之間。而鮑威（Paul A. Bové）的說法再度印證了流亡之於薩依德的

5　徐賁進一步指出：「薩依德本人仔細地對於這兩種政治加以區分，指出身分政治只是為維護被壓制的身分所採取的第一步抗爭，但它本身並不是抗爭的目的。只有人道政治才能具有解放意義，它的終極價值是身分政治所不能替代的。」在徐看來，薩依德代表了「真正的第三世界知識分子的氣度和抱負」（〈從〉，頁261）。

特殊意義:「對薩依德而言,流亡是針對文化與系統進行反諷的對立批評之條件,他以此來防衛個別的批判意識的重要性。」(*Intellectual* 271)

華哲(Michael Walzer)在書評中認定《知識分子論》是薩依德的自畫像,而且批評他是唯我論者(solipsist)。薩依德早預見於此,並在序言中婉言駁斥此書「隱含了自傳的訊息」(頁43)。其實薩依德的辯駁只是「此地無銀三百兩」,因為知悉薩依德的讀者自然會在書中讀出/讀入他的角色,更何況他在許多地方是以個人經驗來強化自己的論點,以期增加說服力(頁62、141-42、157-62)。依筆者之見,薩依德的否認實無必要,而且效果不大。相反地,對許多讀者來說,反倒是把該書讀成薩依德現身說法、為知識分子做見證,更覺得有力、動人。薩依德熱中學術,積極參與政治、社會議題的公共空間,甚至一方面因為大力聲援巴勒斯坦而被許多西方人士和猶太人視為暴力及恐怖主義的代言人,[6]另一方面又因其主張而名列「半打的中東死亡名單之上」(*Pen* 9),[7]並勇於承擔這些風險,在在證明了他不僅是坐而言的理

---

[6] 亞歷山大(Edward Alexander)甚至把他扣上了「恐怖教授」("Professor of Terror")的帽子。這種扣帽子的方式,固然為亞歷山大贏得一些猶太復國主義者的讚賞,但在大多數人眼中卻是自取其辱。

[7] 原因之一為他是第一個以英文明白主張要與以色列的猶太人和平共存的巴勒斯坦人("Expanding" 112)。

論家,更是起而行的實踐者,以具體的行為履踐自己有關知識分子的理念,這使得他成為眾所矚目的「公共知識分子」（Ashcroft and Ahluwalia 9, 146; Khalidi 162, 165）。羅賓斯指出,薩依德敘事的英雄是「作為學院派的反殖民知識分子,作為反殖民知識分子的學院派」（"the anti-colonial intellectual as academic, the academic as anti-colonial intellectual",頁178）。這種描述亦適用於薩依德本人。哈蘿（Barbara Harlow）則將他與巴勒斯坦知識分子──烈士卡那法尼（Ghassan Kanafani）相比,認為薩依德「在美國學院和巴勒斯坦的抵抗中,堅持知識分子的批判角色──作為世俗的批評者和反官方論述的史家」（頁189）。

因此,《知識分子論》予人以下的啟示與期許:

㈠現今社會裡,知識分子雖不應曲學阿世,但也絕不能離群索居,必須掌握時代的脈動,扮演人類的良心,為正義、公理、自由而奮鬥,以弘毅之士自許,以仁為己任,死而後已,發揮任重道遠的精神;

㈡知識分子以知識和自由為職責,運用智慧,獨立判斷,時時反省,事事警覺,不趨炎附勢,不迷信權威,不貪戀財富,不屈從威嚇,面對權勢坦然道出真話,體現富貴不能淫、貧賤不能移、威武不能屈的人格;

㈢知識分子除了為一己的社會發言之外,還要秉持良

知及道德勇氣，即使身處強權橫行的國際社會，也要堅守原則，反對雙重標準，為全世界的和平、公理、正義奮鬥不懈。

知識分子薩依德

　　若非薩依德多年的學術貢獻、社會參與、政治投入，英國廣播公司未必會邀請他發表此一系列演講。因此，薩依德有關業餘者的說法可挪用於此：英國廣播公司邀請薩依德發表演講，不只因為他在英國文學、比較文學、文化理論與研究上的專業學術表現，也是肯定他過往以業餘身分積極投入多項活動的努力；而他選擇在這個場合（以及此一「公共空間……中的風險和不確定的結果」）來談論知識分子，更是企盼善用此發言機會「有意努力為這些觀點爭取新的、更多的聽眾，而這些觀點是我在課堂上從不呈現的」（頁141-42）。總之，全書對於西方知識分子的傳統以及知識分子在當今社會中的定位、角色與作用有著精闢的見解。綜合《知識分子論》的重要論點和薩依德本人多年的實踐，可得出底下環環相扣的幾項重要觀察。[8]

---

[8] 以下幾項觀察取材自筆者〈弘毅的知識分子薩依德〉。

　　知識的基礎：既然名為「知識分子」，自是以知識為基礎，而如何日新又新、與時俱進，創造及傳播新知，便是知識分子的職責。薩依德接受西方菁英教育，通曉音樂及多國語文，為美國學界大力引介歐陸理論與其他地區的重要作家及作品，結合學術研究與政治關懷，寫出經典之作《東方主義》及其他深具啟發性的論述，促成學術典範轉移，並積極宣揚巴勒斯坦的理念，呼籲以巴雙方面對彼此的歷史與苦難，致力尋求和平共存，以深厚的學養為基礎，在學術與政治兩方面都交出亮麗的成績。

　　人道的精神：知識固然具有工具性的意義，但選擇運用在哪些方面以及認清可能產生的效應往往更為重要，否則知識的發展與創新可能使人未蒙其利，先受其害。因此，普世的人道價值必須堅持。這就是為什麼薩依德對於後現代主義的一些主張（如棄絕有關啟蒙與解放的大敘事……）期期以為不可，嚴詞批評美國在許多政策上所採取的雙重標準（美國有不少行徑甚至符合自身所定義的「國家恐怖主義」〔state terrorism〕和「流氓國家」〔rogue country〕）。而以色列在建國之後多方壓迫巴勒斯坦人，從原先的受害者（victim）一變而成加害者（victimizer），將以往蒙受的不公與苦難加諸另一個民族身上，更是薩依德口誅筆伐的對象。知識分子若不能堅持普世的人道精神，則其知識只是黨同伐異、趨炎

附勢或隨波逐流式的，遑論效應可大可久了。

　　開闊的視野：有了淵博的知識與普世的價值，自然不易陷於一時一地或一黨一派的褊狹之見。幼時身受帝國主義的殖民統治，青年時前往美國接受良好教育，學成後任教於美國一流學府數十年的薩依德，熟諳西方文學、藝術的精髓，並擁有自身獨特的文化資源與品味，時時以流亡者自居，出入於不同文化之間。這種處境固然造成了漂泊離散、格格不入之感，但也有其豐饒、繁複的面向。正如他所說的：「大多數人主要知道一個文化、一個環境、一個家，流亡者至少知道兩個；這個多重視野產生一種覺知：覺知同時並存的面向……。」（"Mind" 55）他便善用這種特殊的資源、視野與發言位置，在學術與政治方面做出獨特的貢獻。他進一步以流亡者為隱喻，說明知識分子應處於權力核心之外，以多重視野的覺知，對權勢說真話。

　　批判的態度：與堅持人道精神攜手並進的便是批判有違人道的言行舉措，尤其以知識為利器，秉持實事求是的態度，追根究柢的精神，質疑權威與傳統。因此薩依德在接受筆者訪問時開宗明義指出：「我一向覺得知識分子扮演的應該是質疑、而不是顧問的角色，對於權威與傳統應該存疑，甚至以懷疑的眼光看待。」（頁179）他有段文字更具體而微地論及批評、人道與知識三者之間的密切關係：「批評必須

把自己設想成為了提升生命，本質上就反對一切形式的暴政、宰制、虐待；批評的社會目標是為了促進人類自由而產生的非強制性的知識。」（*World* 29）由此可知，批評本身並不是目的，而是為了反暴政、反宰制、反虐待，產生自由的新知，以促進普世的福祉。

獨立的立場：批判的態度必然來自獨立的立場，以知識為基礎，人道為依歸，自反而縮，雖千萬人吾往矣。經由博學、審問、慎思、明辨之後，展現出諤諤之士的風骨，寧可冒天下之大不韙，亦不為吾心之所不安。不但獨立於黨派、國族之外，主張「批評先於團結」（"criticism before solidarity," *World* 28），也時時反躬自省，獨立於自我的舊思維、舊情感之外。薩依德在多年前以巴嚴重對立時，率先主張雙方應和平共存，甚至因此遭到來自基本教義派的死亡恐嚇也不為所動。但在1993年舉世稱頌以巴簽署的奧斯陸協議時，他又獨排眾議，認為此一立足點不平等的協議無法使中東長治久安，進而與昔日的夥伴阿拉法特割袍斷義，大加撻伐，作品為阿拉法特所禁也在所不惜。儘管阿拉法特、以色列外長裴瑞茲（Shimon Peres）和以色列總理拉賓（Yitzhak Rabin）因為致力於中東和平而同獲1994年諾貝爾和平獎，但證諸後來以巴局勢的發展，更令人佩服薩依德的先見之明。

　　說服的藝術：若要宣揚自己的理念，讓他人心悅誠服地接納，就得仰賴說服的藝術，弱勢者尤其如此。以往世人對於巴勒斯坦人的刻板印象往往不是難民、就是恐怖分子。薩依德一面以經典之作《東方主義》深入剖析西方人對於東方的刻板印象及背後的權力關係，一面在《採訪伊斯蘭》中以同樣的理論分析大眾媒體如何決定我們觀看世界的方式，使世人警覺於主流媒體的操控，一面為報章雜誌撰寫政論、接受媒體訪問，揭穿美國官方的偽善、雙重標準，抨擊以色列政府的種種不義舉措，呼籲世人正視巴勒斯坦人的處境……凡此種種都是以道理與言語來遂行說服的目的，尤其以他熟知的民主政治理念（如民族自決、返鄉權利），長年向西方世界強力訴求，發揮滴水穿石的效應。換言之，他不但「知道如何善用語言，知道何時以語言介入」（頁71），而且以適時的語言利器、有效的訴求，來達到說服的效果。這點和他奉為「知識分子」的英國作家綏夫特以一人一筆抗拒英格蘭對愛爾蘭的政治宰制、經濟高壓、文化箝制，有異曲同工之處。而薩依德以卓越的器識發為議論，影響所及，由晚近媒體及世人對巴勒斯坦人形象的逐漸改觀便可看出。

　　長遠的耐心：當今之世，強者縱然可以力制人於一時，但無法服人於長久，反而種下未來的禍根；處於劣勢者既難以力服人（採取等而下之的恐怖暴力只是使情況更形惡

化），就得以理服人。深諳西方思維的薩依德便是以普世的價值、人道的關懷為訴求，透過種種方式宣揚巴勒斯坦人的立場，以鐵杵磨針的工夫，經過數十年的努力，總算稍有成果。他曾區分直接的政治與迂緩的政治：前者指的是知識分子以從政、撰文等方式介入，希望產生立竿見影之效；後者指的是以反省、沉思、教育，發揮潛移默化之功，對於積弊已深、盤根錯節的問題，更須從歷史與文化的層面，剴切明辨（頁197）。因此，薩依德的政論固然是在進行直接的政治，但影響更深遠、廣泛的則是在學術上的創見與論述，從思想和教育的層面根本改變世人的觀點。後者所花的時間雖長，但正如薩依德在九一一事件之後所發表的第一篇專文〈伊斯蘭和西方的旗幟不足以概括〉（"Islam and the West Are Inadequate Banners"）結論時語重心長地指出：必須透過「耐心與教育」，才可能化解多年的誤解與仇恨。

　　「知識分子」為古今中外的文化、社會共同關切的重要議題。薩依德曾如此描述第三世界知識分子與帝國中心的關係：「這些人物向大都會發言，他們所用的技術、論述以及學術和批評的武器，以往一度完全保留為歐洲人所用，現在都被用在西方中心的核心地帶作為起義或修正之用。」（"Third" 29）這個「以彼之道，還治彼身」的描述正是這位巴勒斯坦裔美國批評家的寫照，因為他從第三世界知識分子

的立場出發，以流亡者的混雜性與多重角度，根據一己經年的思索與實踐，運用英國廣播公司所提供的機會，從昔日大英帝國的中心倫敦發言，宣揚自己的理念，對於知識分子的角色與地位，他們所面對的危機、威脅及因應之道，提出個人的經驗與見解，「作為起義或修正之用」，並以全人類的和平、自由、公理、正義為依歸。

理論之旅行：台灣的薩依德現象[9]

薩依德在早年名作〈理論之旅行〉中，提到理論或觀念旅行到另一個時空之後產生的轉化與意義。雖然他不願以理論家自居，但我們依然可以從台灣接受他的情況，來討論薩依德的論述與書籍旅行到台灣的種種現象。

台灣的薩依德現象大致可以劃分為幾個階段。第一個階段可稱為「只聞樓梯響」。薩依德的經典之作《東方主義》出版於 1978 年，針對歐美的東方主義論述提出意義深遠的對抗論述（counter-discourse），普獲學界重視，並成為後殖民論述的奠基文本之一。我國學界一向唯美國學界馬首是瞻，對他作品的接受情況更為有趣且有意義——一方面接受

---

[9] 此節取材自筆者〈台灣的薩依德現象〉。

美國學術重鎮的重要學術作品，另一方面藉此進行弱勢論述及後殖民論述的批判工作，對抗歐美中心論述。因此，國內英美文學界率先引用薩依德的觀念於弱勢論述（包括華美文學）的研究中，而且屢見不鮮，至於其他學門則相對少見。

然而由於國內對文化交流與譯介的輕忽，以致這種興趣只限於學界，一般人士即使耳聞薩依德及《東方主義》的盛名，有心一窺堂奧，也因欠缺適當的翻譯與引介，不得其門而入。會造成這種知識上的落差，國內惡劣的翻譯生態難辭其咎。在這個階段，一般讀者頂多透過（外文）學者論文中的引用和轉述，淺嘗輒止，無從深究。

有感於此，1994年筆者擔任哈佛燕京學社訪問學人時，在哈佛書店看到剛出版的《知識分子論》，立即向與薩依德同樣任教於哥倫比亞大學的王德威教授推薦，兩人都認為很值得引進中文知識界。德威兄與薩依德本人聯絡時，也得到對方允諾，表示樂觀其成。惟出版社與他的經紀人接洽時並不順利，以致耗費多時才取得中文正體字版的版權。猶記得德威兄打電話告知這則好消息時，適逢1996年愚人節，令人頗有疑真似幻、亦莊亦諧之感。之後一年半的時間，除了全力迻譯本書之外，鑑於當時中文世界尚無薩依德的專書出版，為了善盡「代表／再現」薩依德之責，另外撰寫緒論、譯註、書目提要，編製索引，更積極尋求與他進行訪談。

經過多番努力，1997 年 8 月終於在哥倫比亞大學當面進行訪談，三個月後就以較符合我理想中的翻譯形式將全書呈現給讀者，中文世界總算第一次接觸到全本的薩依德作品，這時距離原書出版三年，距離《東方主義》出版更是遙遙十九個年頭。《知識分子論》一出版就獲得該年《中國時報》開卷十大好書獎以及《聯合報》讀書人最佳書獎，並在不同場合為許多人士所引用，足證確實是值得關注的話題。其後，筆者又申請相關研究計畫，在台灣大學和交通大學研究所開設「薩依德專題研究」課程，使研究、教學、翻譯三者合一，並於 1998 年 4 月及 2001 年 8 月兩度進行訪談，試圖多方位地將薩依德放入中文世界的文化脈絡，報導他的最新發展。[10]

　　此後，他的若干著作陸續翻譯成中文，進入了「西學東漸」的第二階段。《東方主義》（1999 [離原書出版二十一年]）、《鄉關何處》（2000 [原 1999]）、《文化與帝國主義》（2001 [原 1993]）、《遮蔽的伊斯蘭》（2002 [原 1981]）等相繼出版，除了屢獲台灣書評界的一些大獎，市場反應也相當不錯，稱得上是叫好又叫座的長銷書。這個階段的中文讀者總算有機會讀到久聞大名的薩依德的若干代表性著作。雖

---

10 有關筆者與薩依德三次訪談的始末，詳見〈最後的天空之後：敬弔永遠的知識分子薩依德〉。

然國內譯界生態不良致使譯作的水準有些參差，但中文讀者至少有緣一睹全書，無須透過二手傳述、再現甚至誤現，比起原先的道聽塗說改善了許多。

　　然而相對於薩依德多方位的表現與眾多著述，[11] 此階段有關他的中文翻譯與評介多少依然處於「見樹不見林」的狀態，夠份量的中文論述更是屈指可數。如他與摩爾於1986年合著的文字影像書《最後的天空》，以抒情的文筆解讀生動的圖像，再現流離失所的巴勒斯坦人，提供了迥異於西方主流媒體所呈現的形象。在音樂方面，1991年出版的《音樂的闡發》以專業文學批評家兼業餘愛樂者的角色，撰文討論作為文化場域的西方古典音樂；2002年出版的《並行與弔詭：音樂與社會之探索》（*Parallels and Paradoxes: Explorations in Music and Society*）收入了他與猶太裔指揮家暨鋼琴家巴倫波因（David Barenboim）六篇有關音樂、社會、政治與文化的對話錄。在政治方面，他定期為英文和阿拉伯文報章撰寫的政治評論所結集出版的數種專書及訪談錄，包括對美以兩國主

---

11 本書先前增訂版的附錄四〈薩依德專書書目提要〉總共列出他生前出版的二十本著作及內容簡述。惟他去世後，英文著作不斷出版，海峽兩岸也持續翻譯其作品，前者參閱本書附錄四更新後之書目提要，後者參閱〈薩依德專書中譯一覽表〉，收於《薩依德在台灣》（台北：允晨，2011年2月），頁478-85。

控的中東和平進程的抨擊，對巴解領袖阿拉法特由先前的支
持轉為後來的批評，以及對以巴和平共存的願景與主張等。

此外，薩依德一些重要的文學、文化、理論的論文，他
對自己若干重要觀念（如東方主義、理論之旅行）的反省，
對若干代表性思想家（如維科、傅柯、威廉思、葛蘭西、法
農、阿多諾、喬姆斯基）、作家（如康拉德、魯西迪、奈波
爾）的見解，以及對狹隘、排外的國族論與本土論的大力批
判等，至今在中文世界不是付之闕如，就是甚不成比例。

凡此種種都可看出中文世界對這位傑出的學者、批評
家、知識分子、政治行動分子、愛樂者、人文主義者、人
道主義者的介紹依然顯得相當片斷，讓人盼望出現更周全、
可靠的翻譯與引介，以便「見樹又見林」。再者，近年來有
關薩依德的英文專書快速出現，頗有可觀之處，已形成一
新興產業。相形之下，中文學者這方面的論述甚為欠缺，亟
待急起直追，從我們的發言位置針對薩依德其人其作提出另
類的見解，讓人引領企盼新階段的誕生，能有既「見樹又見
林」、又有自己觀點的薩依德研究。

結語：最後的天空之後

薩依德以流亡者的角色，出入於東方／西方、學術／政

治之間，多年來以淵博的知識、寬廣的胸襟、獨立的立場、高超的見解、批判的態度，影響學術界、媒體界與文化界，引發世人重新省思東／西、人／我的關係，產生新知，促進人道思維，倡導異文化之間的相互容忍、了解、尊重、接觸與學習，多年來念茲在茲於知識的傳播、見地的提升、族人的權益、中東的和平、文明的交流、普世的價值、世人的福祉，不愧為既有「文藝」又有「器識」、既能「坐而言」又能「起而行」的弘毅的知識分子。

在《最後的天空之後》一書扉頁，他引用巴勒斯坦民族詩人達維希（Mahmoud Darwish）的詩句：「在最後的邊界之後，我們該走向哪兒？／在最後的天空之後，鳥兒該飛向哪兒？」（"Where should we go after the last frontiers, / where should the birds fly after the last sky?"）如今，薩依德已奮力走完了顛沛流離的一生，越過了生命最後的邊界、最後的天空，他「之後」所遺留給世人的，是一個關懷苦難、堅持人道、信守理想、特立獨行的永遠的知識分子的榜樣。

2003 年 12 月 3 日

2011 年 8 月 14 日修訂

台北南港

引用資料

徐賁。〈從本土主義身分政治到知識公民政治──論第三世界知識分子及其文化批評〉。《傾向》，總第 7-8 期合刊（1996 年秋），頁 247-72。

單德興。〈代表／再現知識分子：薩依德之個案研究〉。《當代》，194 期（2003 年 10 月），頁 24-49。亦收錄於《薩依德在台灣》。台北：允晨，2011 年。頁 110-55。

──。〈弘毅的知識分子薩依德〉。《Taiwan News 財政經總合周刊》，17 期（2002 年 2 月 21 日），頁 94-96。亦收錄於《邊緣與中心》。台北：立緒，2007 年。頁 90-96。

──。〈台灣的薩依德現象〉。《聯合報》〈讀書人〉，2003 年 9 月 28 日，B4 版。

──。〈理論之旅行／翻譯：以中文再現 Edward W. Said──以 *Orientalism* 的四種中譯為例〉。《中外文學》，29 卷 5 期（2000 年 10 月），頁 39-72。亦收錄於《翻譯與脈絡》。台北：書林，2009 年。頁 269-307。

──。〈最後的天空之後：敬弔永遠的知識分子薩依德〉。《聯合報》〈聯合副刊〉，2003 年 9 月 27 日，E7 版。

──。〈報導・掩飾・揭露：東／西二元對立及其不滿〉。《遮蔽的伊斯蘭：西方媒體眼中的穆斯林世界》。薩依德原著。閻紀宇譯。台北：立緒，2002 年。頁 7-49。後易名為〈報導・掩飾・揭露：導讀《採訪伊斯蘭》〉，收錄於《薩依德在台灣》（台北：允晨，2011 年），頁 45-78。

──編譯。《知識分子論》。薩依德原著。台北：麥田出版，1997 年。

廖炳惠。〈文學理論與社會實踐：愛德華・薩伊德於美國批評的脈

絡〉。《第二屆美國文學與思想研討會論文集》。方萬全、李有成
主編。台北：中央研究院美國文化研究所，1991年。頁453-70。

薩依德原著。《文化與抵抗》。梁永安譯。台北：立緒，2004年。

——。《文化與帝國主義》。蔡源林譯。台北：立緒，2001年。

——。《佛洛伊德與非歐裔》。易鵬譯。台北：行人，2004年。

——。《東方主義》。王志弘等譯。台北：立緒，1999年。

——。《知識分子論》。單德興編譯。台北：麥田出版，1997年。

——。《鄉關何處：薩依德回憶錄》。彭淮棟譯。台北：立緒，2000
年。

——。《遮蔽的伊斯蘭》。閻紀宇譯。台北：立緒，2002年。

——。《權力、政治與文化：薩依德訪談集》。單德興編譯。台北：
麥田出版，2005年。

英文

Alexander, Edward. "Professor of Terror." *Commentary* 88.2 (1989): 49-50.

Ashcroft, Bill, and Pal Ahluwalia. *Edward Said: The Paradox of Identity.*
London and New York: Routledge, 1999.

Barber, Bernard. *Intellectual Pursuits: Toward an Understanding of Culture.* New
York and Oxford: Rowman & Littlefield, 1998.

Bové, Paul A. *In the Wake of Theory.* Hanover and London: Wesleyan UP, 1992.

——. *Intellectuals in Power: A Genealogy of Critical Humanism.* New York:
Columbia UP, 1986.

——. "Introduction." *boundary 2* 25.2 (1998): 1-9.

Falk, Richard. "Empowering Inquiry: Our Debt to Edward W. Said." *Revising
Culture, Reinventing Peace: The Influence of Edward W. Said.* Ed. Naseer
Aruri and Muhammad A. Shuraydi. New York: Olive Branch, 2001. x-xvi.

Gramsci, Antonio. *Selections from the Prison Notebooks of Antonio Gramsci.* Ed. and trans. Quintin Hoare and Geoffrey Nowell Smith. New York: International Publishers, 1971.

Harlow, Barbara. "The Palestinian Intellectual and the Liberation of the Academy." In Sprinker 173-93.

Hart, William D. *Religious Traditions and Secular Criticism: Edward Said as Cultural Critic.* Diss. Princeton U, 1994. Ann Arbor: UMI, 1996. 9410102.

Hussein, Abid Ahmed. *Criticism and Society: The Role of the Intellectual in the Work of Edward Said.* Diss. U of Tennessee, 1992. Ann Arbor: UMI, 1996. 9319208.

Hussein, Abdirahman A. *Edward Said: Criticism and Society.* London and New York: Verso, 2002.

JanMohamed, Abdul R. "Worldliness-without-World, Homelessness-as-Home: Toward a Definition of the Specular Border Intellectual." In Sprinker 96-120.

Kennedy, Valerie. *Edward Said: A Critical Introduction.* Cambridge: Polity, 2000.

Khalidi, Rashid I. "Edward W. Said and the American Public Sphere: Speaking Truth to Power." *boundary 2* 25.2 (1998): 161-77.

Lawrence, Tim. "Edward Said, Late Style and the Aesthetic of Exile." *Third Text* 38 (1997): 15-24.

Marrouchi, Mustapha. "Counternarratives, Recoveries, Refusals." *boundary 2* 25.2 (1998): 205-57.

Robbins, Bruce. *Secular Vocations: Intellectuals, Professionalism, Culture.* London: Verso, 1993.

Said, Edward W. *After the Last Sky: Palestinian Lives.* 1986. Text by Edward W.

Said. Photographs by Jean Mohr. New York: Vintage, 1993.

——. "American Intellectuals and Middle East Politics: An Interview with Edward W. Said." By Bruce Robbins. *Social Text* 19/20 (1988): 37-53.

——. *Beginnings: Intention and Method.* 1975. New York: Columbia UP, 1985.

——. *Covering Islam: How the Media and the Experts Determine How We See the Rest of the World.* 1981. Rev. ed. New York: Vintage, 1997.

——. *Culture and Imperialism.* New York: Knopf, 1993.

——. *Culture and Resistance: Conversations with Edward W. Said.* With David Barsamian. Cambridge, Mass.: South End, 2003.

——. "Expanding Humanism: An Interview by Mark Edmundson with Edward Said." *Wild Orchids and Trotsky: Messages from American Universities.* Ed. Mark Edmundson. New York: Penguin, 1993. 103-23.

——. *Freud and the Non-European.* London and New York: Verso, 2003.

——. *Identity, Authority and Freedom: The Potentate and the Traveller.* Cape Town: University of Cape Town, 1991. Also in *boundary 2* 21.3 (1994): 1-18.

——. "Intellectuals in the Post-Colonial World." *Salmagundi* 70-71 (1986): 44-64.

——. "Interview with *Diacritics.*" *Diacritics* 6.3 (1976): 30-47.

——. "An Interview with Edward W. Said." By Joseph A. Buttigieg and Paul A. Bové. *boundary 2* 20.1 (1993): 1-25.

——. "Interview with Edward Said." By Jennifer Wicke and Michael Sprinker. In Sprinker 221-64.

——. "Islam and the West Are Inadequate Banners." *The Observer.* 16 Sept. 2001.

——. *Joseph Conrad and the Fiction of Autobiography.* Cambridge, Mass.: Harvard UP, 1966.

———. "Literary Theory at the Crossroads of Public Life." Interview with Imre Salusinszky. In Said, *Power, Politics, and Culture* 69-93.

———. "The Mind of Winter: Reflections on Life in Exile." *Harper's Magazine* 269 (Sept. 1984): 49-55.

———. *Musical Elaborations*. New York: Columbia UP, 1991.

———. *Orientalism: Western Conceptions of the Orient*. 1978. New York: Vintage, 1979.

———. "*Orientalism* and After." Interview by Anne Beezer and Peter Osborne. *A Critical Sense: Interviews with Intellectuals*. Ed. Peter Osborne. London and New York: Routledge, 1996. 65-86.

———. "*Orientalism*, an Afterword." *Raritan* 14.1 (1995): 32-59.

———. "Orientalism Reconsidered." *Cultural Critique* 1 (1985): 89-107.

———. *The Palestine Question and the American Context*. Beirut: Institute for Palestine Studies, 1979.

———. *Peace and Its Discontents: Essays on Palestine in the Middle East Peace Process*. New York: Random House, 1995.

———. *The Pen and the Sword: Conversations with David Barsamian*. Monroe, ME: Common Courage, 1994.

———. *The Politics of Dispossession: The Struggle for Palestinian Self-Determination, 1969-1994*. New York: Pantheon, 1994.

———. *Power, Politics, and Culture: Interviews with Edward W. Said*. Ed. and intro. Gauri Viswanathan. New York: Pantheon, 2001.

———. *The Question of Palestine*. 1979. New York: Vintage, 1992.

———. *Reflections on Exile and Other Essays*. Cambridge, Mass.: Harvard UP, 2000.

———. *Representations of the Intellectual: The 1993 Reith Lectures*. New York: Pantheon, 1994.

——. "Secular Criticism." *Raritan* 2.3 (Winter 1983): 1-26.

——. "Third World Intellectuals and Metropolitan Culture." *Raritan* 9.3 (Winter 1990): 27-50.

——. *The World, the Text, and the Critic*. Cambridge, Mass.: Harvard UP, 1983.

Said, Edward W., and Daniel Barenboim. *Parallels and Paradoxes: Explorations in Music and Society*. Ed. Ara Guzelimian. New York: Pantheon, 2002.

Said, Edward W., and Christopher Hitchens, eds. *Blaming the Victims: Spurious Scholarship and the Palestinian Question*. London and New York: Verso, 1988.

Sprinker, Michael, ed. *Edward Said: A Critical Reader*. Cambridge, Mass.: Blackwell, 1992.

Walzer, Michael. "The Solipsist as Hero." Rev. of *Representations of the Intellectual*, by Edward W. Said. *New Republic* 211.19 (7 Nov. 1994): 38-40.

Williams, Patrick, ed. *Edward Said*. 4 vols. London: Sage, 2001.

Xu, Ben (徐賁). *Situational Tensions of Critic-Intellectuals: Thinking through Literary Politics with Edward W. Said and Frank Lentricchia*. New York: Peter Lang, 1992.

薩依德專書書目提要

1966 《康拉德與自傳小說》(*Joseph Conrad and the Fiction of Autobiography* [Cambridge, Mass.: Harvard University Press])。

　　本書原為作者於哈佛大學所撰寫的博士論文，第一部分依年代順序研究波蘭裔英國作家康拉德於1885年（現存最早的書信）至1924年（去世之年）所寫的書信，第二部分討論康拉德較短篇的小說作品。作者認為這些書信不但呈現了作家的自我成長與發現，而且與他的小說密切相關，在在展現了一位嚴肅、自覺的藝術家如何於藝術中努力將外在的混亂化為秩序。

1975　《開始：意圖與方法》(*Beginnings: Intention and Method*
[New York: Basic Books]；本書獲第一屆年度崔靈獎
[Lionel Trilling Award])。

　　作者在本書中深刻省思「開始」的觀念，視之
為「世俗的、人為的、不斷重新檢驗的」，而與「源
始」對立（後者為「神聖的、神話的、特權的」）。
前兩章討論「開始」之認定及意圖所需的條件，第
三、四、五章進一步以長篇小說及其他文本為例，說
明「對於開始的興趣造成特定的書寫、思想、意義」
等，而以第六章對於維科的研究總結。

1978　《東方主義：西方對於東方的觀念》(*Orientalism:
Western Conceptions of the Orient* [New York: Pantheon
Books]；本書獲提名美國書評家獎 [the National
Book Critics Circle Award])；《東方學》，王宇根譯
（北京：三聯書店，1999年5月）；《東方主義》，王
志弘、王淑燕、郭菀玲、莊雅仲、游美惠、游常山合
譯，傅大為、廖炳惠、蔡源林校訂（台北：立緒，
1999年9月）。

　　本書為作者最著名的作品，析論從拿破崙入侵埃
及到當代的西方學者、作家、機構如何來認知、想像

及建構東方（主要是阿拉伯世界），並傳播有關東方
的看法，視東方為相對於西方的異己、他者，因而是
神祕的、落後的、野蠻的。全書以具體事例深入解析
知識與權力的關係。首章談論東方主義的範疇，次章
談論東方主義式的結構與重新結構，末章討論現在的
東方主義。

1979　《巴勒斯坦問題》（*The Question of Palestine* [New York: New York Times Books]）。

　　當時身為巴勒斯坦民族議會獨立議員的作者，以
巴勒斯坦人和猶太復國主義運動衝突的歷史個案，分
析巴勒斯坦及四百萬流離失所的子民的問題。首章討
論巴勒斯坦問題，次章從受害者的立場來看猶太復國
主義，第三章討論巴勒斯坦的自決，末章討論在大衛
營協議之後的巴勒斯坦以及其子民何去何從等問題。

1979　《巴勒斯坦問題與美國脈絡》（*The Palestine Question and the American Context* [Beirut: Institute for Palestine Studies]）。

　　此為1979年7月至8月薩依德擔任巴勒斯坦研究
所訪問學人的系列演講之一，討論巴勒斯坦與美國的

關係，質疑向美國官方進行遊說的效用，主張應轉而
訴求於美國的民間社會，尤應訴求於美國文化中的核
心價值觀──支持人類自由、解放，要求社會公平、
正義，反抗強權、壓迫。

1981　《採訪伊斯蘭：媒體與專家如何決定我們觀看世界其
　　　他地方的方式》（*Covering Islam: How the Media and the
　　　Experts Determine How We See the Rest of the World* [New
　　　York: Pantheon Books]）；《遮蔽的伊斯蘭：西方媒體
　　　眼中的穆斯林世界》，閻紀宇譯（台北：立緒，2002
　　　年6月）；《報導伊斯蘭：媒體與專家如何決定我們觀
　　　看世界其他地方的方式》，閻紀宇譯（上海：上海譯
　　　文出版社，2009年5月）。

　　　　作者稱本書是自己討論「伊斯蘭世界與東西方之
　　　間的現代關係……系列之作的第三本，也是最後一
　　　本」（第一本是《東方主義》，第二本是《巴勒斯坦
　　　問題》）。主標題中的 "covering" 一語雙關（有「［正
　　　在］採訪、掩蓋」之意），全書討論當代西方（尤其
　　　美國的媒體和學者專家）如何觀看、認知、詮釋、報
　　　導、再現中東的伊斯蘭教國家。首章討論新聞中所呈
　　　現的伊斯蘭世界，次章分析有關發生於伊朗的美國人

質事件的報導，末章分析知識、詮釋與權力的關係。

1983　《世界・文本・批評家》（*The World, the Text, and the Critic* ［Cambridge, Mass.: Harvard University Press］；本書獲得美國比較文學學會韋禮克獎［the René Wellek Prize］）；《世界・文本・批評家》，李自修譯（北京：三聯書店，2009年8月）；《世界・文本・批評者》，薛絢譯（台北：立緒，2009年10月）。

　　本書為作者自1969至1981年間所發表的論文修訂、結集而成，內容雖可歸類為作者所謂的當今四類主要的文學批評形式（書評式的實際批評，學院派的文學史，文學鑑賞與詮釋，文學理論），卻有意超越此範疇，指出文學批評活動並非隔離、自外於社會上的政治關懷與權力關係，標舉批判意識的重要性，並拈出「世俗的批評」一詞，強調身為批評家的知識分子應有的認知、態度與作為。

1986　《最後的天空之後：巴勒斯坦眾生相》（*After the Last Sky: Palestinian Lives.* Text by Edward W. Said. Photographs by Jean Mohr ［New York: Pantheon Books］）；《最後的天空之後：巴勒斯坦人的生活》，金玥珏譯（北京：

新星出版社，2006 年 10 月）；《薩依德的流亡者之
書：最後一片天空消失之後的巴勒斯坦》，梁永安譯
（台北：立緒，2010 年 5 月）。

　　作者於 1983 年擔任聯合國「巴勒斯坦問題國際
會議」的顧問時，建議贊助德裔瑞士籍攝影師摩爾拍
攝巴勒斯坦人。全書由當時流亡在外、尚未獲准返回
故土的作者撰文，配合摩爾的一百二十張照片，分為
若干主題（「巴勒斯坦眾生相」、「狀況」、「裡面」、
「冒現」、「過去與未來」、「貝魯特的淪陷」），以圖
文並茂的方式，書寫並再現流離失所的巴勒斯坦人，
其角度與內容迥異於西方主流媒體。

1991　《音樂的闡發》（*Musical Elaborations* ［New York: Columbia
　　　University Press］）。

　　本書原為美國加州大學爾灣校區年度的韋禮克圖
書館系列演講（發表於 1989 年 5 月），作者以文學批
評家／理論家及愛樂者的角色，將西方古典音樂視為
文化場域，試圖將其置於社會及文化環境中，挪用並
質疑文化批評家阿多諾的觀點，並指出全心投入的業
餘者未必如一般認定的那麼無力（附樂譜）。

1991　《認同・權威・自由：君主與旅人》（*Identity, Authority and Freedom: The Potentate and the Traveller*［Cape Town: University of Cape Town］）。

　　本篇為 1991 年 5 月 22 日薩依德應南非開普敦大學之邀所發表的第三十一屆達偉紀念講座（T. B. Davie Memorial Lecture），以紀念在南非種族隔離政策下捍衛學術自由的已故該校副校長達偉。文中討論國家／民族認同、權威與學術之間的關係，認為學界，尤其大學，具有特殊地位，更應維持獨立、知識、批判與世俗的角色，並以二意象總結：不宜做獨霸一方、目空一切、自以為是的君主，而應成為願意跨越邊界、出入不同領域、隨遇而安的旅人，無休無止地追求知識與自由（此篇後來收入 2000 年出版的《流亡的省思及其他》）。

1993　《文化與帝國主義》（*Culture and Imperialism*［New York: Alfred A. Knopf］）；《文化與帝國主義》，蔡源林譯（台北：立緒，2001 年 1 月）；《文化與帝國主義》，李琨譯（北京：三聯書店，2003 年 10 月）。

　　將《東方主義》中對於西方與中東的觀察，擴及十九、二十世紀的近代西方帝國與海外屬地的關係，

針對特定作家及文本（尤其長篇小說）進行分析與討
論，闡釋文化與帝國主義、帝國宰制與被統治者的抗
爭之間錯綜複雜的關係。

1994　《流離失所的政治：巴勒斯坦自決的奮鬥，1969-1994》
（*The Politics of Dispossession: The Struggle for Palestinian Self-
Determination, 1969-1994* [New York: Pantheon Books]）。

本書收錄作者自 1970 至 1993 年間所發表有關巴
勒斯坦問題的文章以及一篇長序，全書結合文學批評
的犀利手法、文化理論的觀念及豐富的歷史知識，討
論巴勒斯坦人的歷史、處境、權利、認同、自決等問
題，以及與外界的關係——尤其以色列和美國的政策
及媒體報導。

1994　《知識分子論》（*Representations of the Intellectual: The 1993
Reith Lectures* [London: Vintage Books, 1994]）；《知識
分子論》，單德興編譯（台北：麥田出版，1997 年 11
月；北京：三聯書店，2002 年 4 月；台北：麥田出
版，2004 年 1 月增訂版；台北：麥田出版，2011 年 10
月經典版）。

本書原為 1993 年應英國廣播公司之邀所發表的

李思系列演講，全書六章，討論西方知識分子的傳統，發抒對於知識分子應有的認知、態度與作為之體認與見解，認為知識分子應特立獨行，甘於寂寞，秉持獨立判斷及道德良知，不攀權附勢，不熱中名利，勇於表達一己之見，充當弱勢者的喉舌，保持批判意識，對權勢說真話，反對雙重標準及權威崇拜等。

1994　《筆與劍：薩依德對話錄》（*The Pen and the Sword: Conversations with David Barsamian* [Monroe, ME: Common Courage Press]）。

　　在這本訪談錄中，薩依德針對訪談者巴薩米安所提的問題現身說法，暢談多年來關切的事情，如流離失所的巴勒斯坦人的政治與文化，以色列與巴勒斯坦之間的恩怨，東方主義的重新省思，文化與帝國主義，知識分子的角色，記憶、歷史、敘事與故事的重要性，知識與權力的關係等。

1995　《和平及其不滿：中東和平進程中的巴勒斯坦》（*Peace and Its Discontents: Essays on Palestine in the Middle East Peace Process* [New York: Random House]）。

　　本書收錄作者於1993年9月至1995年5月的政論

文章，是其眾多著述中第一本以阿拉伯世界讀者為
對象之作，檢討自 1993 年在白宮草坪巴勒斯坦解放
組織與以色列政府和談的歷史性時刻以來兩年間的發
展，自稱為「目擊者報導」，並發出異議之聲。

1999　《鄉關何處：薩依德回憶錄》（*Out of Place: A Memoir*
　　　[New York: Alfred A. Knopf]）；《鄉關何處：薩依德
　　　回憶錄》，彭淮棟譯（台北：立緒，2000 年 10 月）；
　　　《格格不入：薩義德回憶錄》，彭淮棟譯（北京：三聯
　　　書店，2004 年 12 月）。

　　　　1991 年薩依德在健康檢查中發現自己罹患慢性淋
　　　巴性白血病（俗稱「血癌」），於接受化療的 1994 年
　　　開始撰寫回憶錄，以書寫、重新創造往昔的世界，
　　　來支持他度過最艱難的時刻。全書以抒情的手法，重
　　　建幼年及青少年的中東世界，以及在美國受教育的情
　　　形，對於個人的認同，家族成員中的複雜關係（尤
　　　其與父母之間的愛憎關係），文學與音樂、藝術的熱
　　　愛，多所著墨，而歸結於「格格不入」的流亡者處境
　　　與心態。

2000　《和平進程之結束：奧斯陸之後》（*The End of the Peace*

Process: Oslo and After ﹝New York: Pantheon Books﹞）。

　　1993年9月，巴勒斯坦解放組織和以色列政府在白宮草坪簽署和平協議，舉世稱頌此為中東和平的一大突破。薩依德洞察簽約雙方在權力上的不對等，秉持著見識與道德勇氣，撰文批評。全書收錄的五十篇文章，分別以英文和阿拉伯文刊登於倫敦和開羅的報章，討論與和平、公理正義相關的重大議題，不但記錄了其歷史脈絡，也嚴詞批判以色列屯墾區的不斷擴張，巴勒斯坦領導人阿拉法特的無能腐敗，世人對巴勒斯坦民族自決的忽視，也訴說了自己在離鄉背井四十五年後重返耶路撒冷的感受。

2000　《流亡的省思及其他》（*Reflections on Exile and Other Essays* ﹝Cambridge, Mass.: Harvard University Press﹞）。

　　本書收錄自1967年以來，未曾收入於其他專書的四十六篇論文，內容多元而豐富：有些文章重探以往所提出的重要議題，如流亡、東方主義、理論之旅行；有些討論重要作家，如梅爾維爾、康拉德、歐威爾、海明威、馬富茲、奈波爾；有些剖析具代表性的理論家、歷史學家、國際政治學者，如維科、梅洛—龐蒂、布萊克默、傅柯、霍布斯邦、杭廷頓；也有討

論音樂（如顧爾德）、大眾文化（如電影中的泰山）之作。全書充分顯示了薩依德觸角之廣闊，以及積極介入學術的表現。

2001 《權力、政治與文化：薩依德訪談集》（*Power, Politics, and Culture: Interviews with Edward W. Said* [New York: Pantheon Books]）；《權力、政治與文化：薩依德訪談集》，薇思瓦納珊（Gauri Viswanathan）編、單德興編譯（台北：麥田出版，2005年2月）；《權力、政治與文化：薩義德訪談錄》，薇思瓦納珊編、單德興編譯（北京：三聯書店，2006年1月）。

　　全書精選薩依德自1976至2000年的二十九篇訪談，除了第一篇是書面訪談之外，其餘為與其他人士當面的訪談及對話，由薩依德昔日的學生、當時的哥倫比亞大學同事薇思瓦納珊編輯並作序。透過不同背景的訪談者所提出的問題，由薩依德當面即時回應，不但反映了訪談的場合與時空環境，訪談者的興趣，以及薩依德對於不同問題的看法與寬廣的關懷（文學、文化、政治、歷史、音樂等），也透過面對面的互動，引發新議題。這是薩依德第一本綜合性的訪談實錄，透過對話與交流，充分表現出受訪者的豐富面向。

2002 《並行與弔詭：音樂與社會之探索》（*Parallels and Paradoxes: Explorations in Music and Society* ［New York: Pantheon Books］）；《在音樂與社會中探尋：巴倫博依姆、薩義德談話錄》，楊冀譯（北京：三聯書店，2005 年 11 月）；《並行與弔詭：當知識分子遇上音樂家——薩依德與巴倫波因對談錄》，吳家恆譯（台北：麥田出版，2006 年 7 月）。

　　本書收錄薩依德和巴倫波因自 1995 年 10 月至 2000 年 12 月有關音樂、社會、政治與文化的六篇對話錄。猶太裔的巴倫波因擔任美國芝加哥交響樂團指揮暨德國柏林國家歌劇院音樂總監。對談的雙方均為移民，酷愛音樂，關心文化與政治，主張以巴雙方應認知彼此的存在與歷史，以達到和平共存的目標。六篇對話錄的範圍甚廣，舉凡文學、音樂、政治、社會……無所不包，並由兩人共同的友人、卡內基音樂廳的藝術顧問古澤里米安（Ara Guzelimian）編輯、作序，是薩依德第一本與音樂人士對談的專書。

2003 《佛洛伊德與非歐裔》（*Freud and the Non-European* ［London and New York: Verso］）；《佛洛伊德與非歐裔》，易鵬譯（台北：行人，2004 年 9 月）。

　　本書包括2001年12月6日薩依德應倫敦的佛
洛伊德博物館之邀所發表的演講全文、評論家羅絲
（Jacqueline Rose）的回應，以及精神分析家波拉思
（Christopher Bollas）的序言和對兩人的介紹。薩依德
充分運用這個場合，以佛洛伊德的《摩西與一神教》
（*Moses and Monotheism*）為切入點，旁徵博引文學、考
古學、心理學與社會理論，探索此書對當今中東政治
可能具有的深意。他以佛洛伊德的「摩西是埃及人」
的假說，來質疑「純粹的」身分認同這種化約、排外
的說法，並主張若能肯定身分認同的複雜性，而且落
實於中東的政治現實，當可為猶太人和巴勒斯坦人建
立新的了解的基礎。然而，由於以色列堅持建立一個
排外的猶太人國家，不僅排除了更具複雜性、豐富
性、包容性的歷史，也為中東和平設限。

2003　《文化與抵抗：薩依德對話錄》（*Culture and Resistance:*
　　　Conversations with Edward W. Said［Cambridge, Mass.:
　　　South End Press］）；《文化與抵抗：「巴勒斯坦之音」
　　　的絕響》，梁永安譯（台北：立緒，2004年8月）；
　　　《文化與抵抗：薩義德訪談錄》，梁永安譯（上海：上
　　　海譯文出版社，2009年5月）。

　　在薩依德生前最後出版的這本訪談錄中，再度與
巴薩米安深入對話，收錄了1999年2月至2003年2月
的六篇訪談，針對以巴衝突及其解決方式、恐怖主
義、美伊戰爭、美國在阿富汗的戰爭等等，提出個人
的看法，為中東和平與民主未來描繪願景，並強調在
他的文化觀中，「抵抗」的重要性。書末附錄十三張
地圖，標示自英國佔領之下，一直到晚近的種種協議
中，對巴勒斯坦的規畫與宰制，清楚顯示巴勒斯坦民
族「人為刀俎，我為魚肉」的艱難處境。

2004　《人文主義與民主批評》（*Humanism and Democratic
　　　Criticism [New York: Columbia University Press]）；《人
　　　文主義與民主批評》，朱生堅譯（北京：新星出版
　　　社，2006年7月）。

　　本書是作者生前最後完稿之作，於身後出版，共
收錄五篇文章，主體為薩依德2000年1月於哥倫比亞
大學發表的三篇有關人文主義以及美國文化的系列演
講，其餘兩篇是他為心儀多年的奧爾巴哈的名著《模
擬》（*Mimesis*）所撰寫的緒論以及〈作家與知識分子
的公共角色〉。薩依德呼籲尋求一種更民主、開放的
人文主義，除了學習自己的傳統以求取自知之明，同

時保有自我反省與自我批評的能力，也要開闊心胸，
學習其他文化傳統，培養恢宏的視野。他既提倡「舊
學」，呼籲重回歷史語言學，也強調作家與知識分子
在科技發達、人們日益相互依存的今日世界中所扮演
的重要角色。

2004　《從奧斯陸到伊拉克以及路線圖》（*From Oslo to Iraq and
the Road Map*［New York: Pantheon Books］）；《從奧斯
陸到伊拉克及路線圖》，唐建軍譯、涂險峰校（北
京：三聯書店，2009年9月）。

　　本書收錄薩依德自2000年12月至2003年7月在
倫敦和開羅發表的四十六篇政論文章。全書分為三部
分：第一部分討論巴勒斯坦人發起的第二次「因地發
打」，以及美國柯林頓總統中東政策的失敗；第二部
分討論美國的九一一事件，反恐戰爭，以及以色列再
度入侵約旦河西岸和加薩走廊；第三部分討論美國入
侵伊拉克的這場「愚蠢戰爭」。全書旨在揭露以色列
人對待巴勒斯坦人的真相，抨擊缺乏遠景與歷史意識
的「速食式和平」，批評巴勒斯坦領導階層的腐敗無
能，並為苦難中的巴勒斯坦人描繪願景。

2004　《薩依德訪談集》（*Interviews with Edward W. Said.* Ed. Amritjit Singh and Bruce G. Johnson［Jackson: University Press of Mississippi］）。

　　本書自薩依德1972至2001年於各地超過八十篇的訪談中，挑選出二十五篇（筆者1997年刊登於《淡江評論》的訪談［即本書附錄一］也在收錄之列，且為篇幅最長者之一），選文迥異於2001年出版的《權力、政治與文化》，是他針對特定時空下的訪談者與閱聽者，進行即時的對話，內容涉及薩依德長年關切的多項議題，尤其是他的重要著作與觀點，以及巴勒斯坦的過去、現在與未來，充分呈現他身為學者與公共知識分子的形象。

2005　《薩依德對話錄》（*Conversations with Edward Said.* Ed. Tariq Ali［Oxford and New York: Seagull Books］）。

　　本書為薩依德與作家、批評家、製片人阿里1994年6月於薩依德的紐約公寓進行的系列對話全稿，部分內容曾剪輯為紀錄片《薩依德對話錄》（*A Conversation with Edward Said*），於英國第四頻道播出。兩位出生於東方、卻於西方居住並工作的知識分子，透過親切與坦誠的對話，透露出薩依德的音樂熱愛、

文學興趣、文化觀點與政治介入，呈現他身為愛樂者、文學學者、文化評論家、政治活動者與公共知識分子的角色。

2006 《論晚期風格：反常合道的音樂與文學》（*On Late Style: Music and Literature Against the Grain* [New York: Pantheon Books]）；《論晚期風格：反本質的音樂與文學》，嚴嘉譯（北京：三聯書店，2009年6月）；《論晚期風格：反常合道的音樂與文學》，彭淮棟譯（台北：麥田出版，2010年3月）。

　　薩依德頗受阿多諾「晚期風格」之說的啟發，罹患惡疾後對此說尤感興趣，曾多次撰寫論文、發表演講。此書為伍德（Michael Wood）根據薩依德的遺稿編輯而成，第一、二、五章以1993年於倫敦發表的諾斯克里夫勳爵講座（The Lord Northcliffe Lectures）為基礎，第三、四、六章原為獨立之文，第七章則彙集了薩依德四則有關晚期風格的論述。全書看似片斷、不完整，然而不僅表達了薩依德對個別音樂家和文學家及其晚期作品的評論，更具現了薩依德本人的晚期風格，面對生命晚期「時不我予，為時已晚」之深切體會，以及他反本質、反系統、反總體的一貫立場。

2008　《音樂的極境》（ *Music at the Limits* ［New York: Columbia University Press］）；《音樂的極境：薩依德音樂評論集》，彭淮棟譯（台北：太陽社，2009年12月）。

　　本書蒐錄了薩依德自1983年5月（他心儀的鋼琴大師顧爾德逝世後幾個月）至2003年9月（薩依德逝世前兩週）所發表的四十四篇樂評，展現了這位文學與文化批評家、後殖民論述大師以及公共知識分子的另一番面貌。作者根據自己的音樂造詣與文化批評的專長，針對多位作曲家、音樂家、演奏家與演唱家，發表精闢獨特的見解與感受，出入於音樂、文學、文化、歷史、政治、社會之間，熔藝術與現世性於一爐，迥異於一般樂評，再次顯現出其視角之多元，關懷之廣闊，見解之犀利。

附錄五

薩依德年表大事紀

年份	歲紀	大事紀
1935		11月1日,出生於巴勒斯坦的西耶路撒冷,全名Edward Wadie Said,父Wadie "Bill" Ibrahim(美國名為William A. Said),母Hilda Musa,是家中長子,也是獨子,下有四個妹妹,家人信奉基督教。
1941	5歲	就讀開羅的吉西拉預備學校。
1942	6歲	因二次大戰戰事,舉家搬離開羅,遷至耶路撒冷北部拉馬拉的避暑別墅,11月搬回開羅。
1943	7歲	吉西拉預備學校復學。
1944	8歲	開始至黎巴嫩杜爾斯威爾村避暑。

1946　10歲　就讀開羅的美國子弟學校。

1947　11歲　舉家告別巴勒斯坦（一直到1992年才有機會重訪巴勒斯坦），遷至開羅，於耶路撒冷的聖喬治學校註冊。

1948　12歲　以阿戰爭。5月14日，以色列建國。
　　　　　　夏天，薩依德首次前往美國，參加緬因州的夏令營。

1949　13歲　就讀開羅的維多利亞學院。

1951　15歲　遭維多利亞學院退學，赴美就讀麻州的赫蒙山學校。

1953　17歲　赫蒙山學校畢業，就讀普林斯頓大學，修習英文與歷史。

1957　21歲　獲普林斯頓大學學士。獲哈佛大學研究所獎學金，因走訪開羅而延後一年就讀。

1958　22歲　就讀哈佛大學研究所，主修文學。

1960　24歲　獲哈佛大學英文碩士學位，繼續攻讀博士學位。

1963　27歲　任教於哥倫比亞大學，家人定居於貝魯特。

1964　28歲　獲哈佛大學博士學位。

1966　30歲　出版《康拉德與自傳小說》。

1967　31歲　6月，第三次以阿戰爭，亦稱六日戰爭，以色列佔領約旦河西岸和加薩走廊。

獲得伊利諾大學高等研究中心1967至1968年研究獎助金。

1968　32歲　發表第一篇政治性文章〈阿拉伯人的畫像〉。

1969　33歲　赴安曼與貝魯特探視家人。

1970　34歲　赴安曼與貝魯特，與黎巴嫩貴格會教徒Mariam Cortas結婚。

1971　35歲　父親病逝。

1972　36歲　1972至1973年間利用研究休假待在貝魯特，於當地的美國大學重學阿拉伯文與阿拉伯文學。兒子Wadie出生。

1974　38歲　女兒Najla出生。

1975　39歲　出版《開始》。

　　　　　　1975至1976年擔任史丹佛大學行為科學高等研究中心研究員。

　　　　　　於國會小組委員會就國際關係作證。

1976　40歲　《開始》獲哥倫比亞大學第一屆崔靈獎。

1977　41歲　擔任巴勒斯坦民族議會獨立議員（至1991年止）。

　　　　　　晉升為哥倫比亞大學英文暨比較文學講座教授。

1978　42歲　出版《東方主義》。

1979　43歲　出版《巴勒斯坦問題》、《巴勒斯坦問題與美

國脈絡》。

1980　44歲　編輯《文學與社會》（1978年英文研究學會會議論文選集）。

1981　45歲　出版《採訪伊斯蘭》。

1983　47歲　出版《世界‧文本‧批評家》。

1984　48歲　1977年以來首度出席巴勒斯坦民族議會在安曼的集會。

1986　50歲　出版《最後的天空之後》，書中照片由德裔瑞士籍攝影師摩爾拍攝。

哥倫比亞大學研究室遭人闖入破壞。

1987　51歲　出席巴勒斯坦民族議會在阿爾及爾的集會。

巴勒斯坦爆發「因地發打」抗暴運動。

1988　52歲　與希鈞斯合編《責怪受害者》。

出席巴勒斯坦民族議會在阿爾及爾的集會。

將巴勒斯坦〈原則宣言〉譯為英文。

1989　53歲　於阿拉伯報章公開譴責阿拉法特。

1990　54歲　與伊格頓（Terry Eagleton）及詹明信（Fredric Jameson）共同出版《國族主義、殖民主義與文學》。

母親病逝。

1991　55歲　出版《音樂的闡發》、《認同‧權威‧自由》。

9月，診斷出罹患罕見的白血病。

正式與阿拉法特決裂，辭去巴勒斯坦民族議會
獨立議員一職。

1992　56歲　離開故土四十五年後首度造訪巴勒斯坦，也是
全家首次探訪該地。

榮膺哥倫比亞大學之校聘教授。

1993　57歲　出版《文化與帝國主義》。

造訪開羅。

擔任英國廣播公司李思系列演講主講人，主題
為知識分子。

拒絕白宮邀請出席奧斯陸和平協議簽署典禮，
痛斥其為巴勒斯坦人的「凡爾賽條約」。

1994　58歲　出版《流離失所的政治》、《知識分子論》及
《筆與劍》（後者由巴薩米安主訪）。

5月開始接受化療。

1995　59歲　出版《和平及其不滿》。

1998　62歲　在母親出生地拿撒勒的法蘭克・辛納屈講堂發
表演說。

當選美國現代語文學會會長。

為貝多芬歌劇《費德里歐》撰寫口白，由猶太
裔指揮家巴倫波因指揮芝加哥交響樂團演出。

夏天接受白血病實驗療法。

1999　63歲　出版《鄉關何處》。

藉由慶祝德國文豪歌德誕辰兩百五十週年,與巴倫波因成立東西合集工作坊(the West-Eastern Divan Workshop,典出歌德的《東西合集》)。

2000　64歲　出版《和平進程之結束》、《流亡的省思及其他》及《薩依德讀本》(後者由巴尤米[Moustafa Bayoumi]與魯賓[Andrew Rubin]合編)。

2001　65歲　出版《權力、政治與文化》,由薇思瓦納珊編輯。

2002　66歲　出版與巴倫波因的對話集《並行與弔詭》。

2003　67歲　出版《佛洛伊德與非歐裔》,包含波拉思的序言與羅絲的回應。

出版《文化與抵抗》(由巴薩米安主訪)。

9月25日,病逝於紐約,骨灰依照遺願運返阿拉伯故土,灑於象徵和平與永恆的黎巴嫩雪松之間。

---

* 資料來源:《知識分子論》中譯增訂版之〈薩依德年表〉(頁261-64)、《鄉關何處》(1999)以及辛與姜森合編《薩依德訪談集》之〈年表〉("Chronology",頁xxix-xxxiii)。感謝蔡雅婷小姐協助整理。

《知識分子論》的中譯緣起與後續

單德興

　　《知識分子論》自1997年11月問世迄今，轉眼十四年，人事儘管並未全非，卻也多變，包括原作者薩依德於2003年辭世。另一方面，華文世界對此書的支持卻歷久不衰，並持續譯介薩依德的著作與思想，新譯每每引起興趣與重視，這又是變化中的不變。此次麥田出版為慶祝成立二十週年，自該社眾多出版品中精選十本列為經典，增訂重行問世，《知識分子論》名列其中，足證其重要。

　　猶記得1994年夏遊學哈佛大學一年，8月30日在哈佛書店展示平台的醒目位置看到薩依德剛出版的這本書，興奮買下，一口氣讀完，立即打電話給當時與薩依德同樣任教於哥

倫比亞大學的王德威教授，大力推薦此書。他也馬上購得並
閱讀後，認為此書對華文世界應有相當的啟發與借鑒，決定
由我翻譯。雖然出版社在接洽翻譯版權時對方有些延宕，但
經過一番等待終能確定，便著手中譯，連同其他部分，費時
一年半完成。

　　台灣的（學術）翻譯生態不佳，以致學者在現實考量下
對從事翻譯裹足不前。我因大學時代受余光中老師影響，一
向對翻譯的論述與實踐頗感興趣，自就讀碩士班以來陸陸續
續翻譯了不少書，雖然過程中不免遇到困難，但看到白紙黑
字的成品便「好了瘡疤忘了疼」，下次看到好書就又躍躍欲
試，想翻譯出來與人分享。《知識分子論》也是這種心態下
的產物，只是沒想到翻譯這本書竟對我的人生與學術生涯會
有那麼大的影響。

　　我一向認為翻譯不應僅止於文字的轉換，更涉及雙方的
文化、脈絡與歷史，愈是重要的作品愈是如此。因此，多年
來我在從事翻譯時，總是希望除了文本的迻譯之外，還能帶
入文化與歷史的面向。然而，以往囿於種種限制 —— 包括
自己知識欠缺，經驗短少，能力不足，時間有限，出版社的
要求…… —— 這個理想總是未能實現。1986年輔仁大學主
辦第一屆文學與宗教國際研討會，以英國的葛林（Graham
Greene）、日本的遠藤周作、台灣的王文興三位小說家為主

要討論對象，會前並配合進行相關作品中譯，我有幸廁身於齊邦媛教授率領的英國小說家葛林的翻譯團隊，閱讀了許多資料，為自己翻譯的《格雷安‧葛林》（作者為史柏齡 [John Spurling]）撰寫了三十四頁的〈格雷安‧葛林的生平與作品：代譯序〉和五頁的〈關於本書〉，介紹這位重量級的作家及其作品，總算初步將理念付諸實行。但真正落實這個理想，卻要到十一年後的《知識分子論》，而於2004年出版的國科會經典譯註計畫成果《格理弗遊記》得到充分的體現。我並將自己多年來翻譯方面的研究心得與實踐歸結為「雙重脈絡化」（dual contextualization），主張從事翻譯時要兼顧文本在所謂的譯出語（source language）與譯入語（target language）兩者的脈絡與文化中的流傳與意義。[1]

　　翻譯《知識分子論》時，我已是中央研究院歐美研究所研究員，不僅已接觸到薩依德協助樹立並風行於人文學科的後殖民論述，並將他的若干觀點運用於華美文學與文化研究，因此在知識條件上較為充足。此外，我一向不願強求於人，但凡涉及學術則有所堅持，更何況當時華文世界知道薩依德的人已為數不少，其名著《東方主義》中譯本問世之說

---

[1] 此一強調從筆者《翻譯與脈絡》（北京：清華大學出版社，2007年；正體字增訂版，台北：書林，2009年）的書名便可看出，相關例證與探討可參閱該書。

時有所聞，卻一直不見蹤影。因此，以學者身分與出版社接洽翻譯薩依德這本較平易近人的演講集時，較有協商的空間。麥田當時的負責人陳雨航先生是具有理想性的出版人，謙謙君子的他很支持我的一些構想，讓我能「為所欲為」。雙方便是在高度互信與互惠的情況下進行此一翻譯計畫。

此互信與互惠除了呈現於該書後來的內容之外，也具現於合約的簽定。記得出書前雨航兄特地來南港與我見面，帶來兩紙合約，一為賣斷，一為版稅，由我選擇。原來他雖然看好此書的內容，但對市場的接受度並沒有太大的把握。我問他希望我選擇哪一份。他坦言希望採版稅制，我當場簽約，並笑稱：「這樣我們就成了命運共同體。」因為對我而言，學者從事翻譯旨在譯介新知，文化交流，本身就是收穫，其他都是額外的。該書正式出版後，雨航兄對版稅之低覺得過意不去，主動增加一萬元，我深感於他的誠意，覺得身在商場的他可說是「儒多於商」。但這件事也再度凸顯了學者對翻譯裹足不前的原因：除了費心費時之外，學術與物質的「投資報酬率」太低。因為即使加上額外的酬勞，初次稿酬大約還不到我當時月薪的四分之一。

由於此書很可能成為薩依德的第一本中譯專書，再加上是「學者下海」，當然必須與市場上的一般翻譯有所區隔，而我也尋求在譯介《格雷安‧葛林》的經驗上進一步自我突

破，於是除了原文的翻譯之外，有心為《知識分子論》的中譯本增添一些「附文本」（paratexts），以期善盡譯者的職責。因此，我初步的構想是除了〈緒論〉之外，以附錄的方式加上薩依德與艾德蒙森的訪談，薩依德的專書書目提要與索引（細分為中英及英中索引），藉此讓華文讀者更容易進入薩依德的世界，將此書置於他的學術脈絡，並方便檢索書中提到的人物和書籍等。然而，我最想做、卻又最無法掌握的就是親自與薩依德訪談。

　　我在1970年代便陸續翻譯了不少《巴黎評論》（*Paris Review*）的作家訪談（1986年出版為四百頁的《英美名作家訪談錄》[台北：書林]），並於1983年首度與王文興老師深入訪談，爾後多年又針對國內外作家、學者、批評家、文學史家進行了多次訪談，累積了不少經驗。其實在翻譯《知識分子論》之前便曾數次與薩依德聯絡，總是石沉大海。於是心想，若能趁這次出書的機會與他進行訪談，將會是個人罕見地以譯者身分對被譯者的訪談。幾經嘗試，終於皇天不負苦心人，1997年8月18日於哥倫比亞大學的研究室與他見面，從華文讀者的角度向他請教了不少問題，雙方相談甚歡，訪談之中譯及時收入該年11月出版的《知識分子論》。[2]據王德

---

2 有關這次訪談的詳情，參閱本書附錄一之訪談前言（頁177-79）。筆者與

威教授後來轉述，這次訪談令薩依德印象深刻。

　　《知識分子論》出版次年4月，我重赴哥倫比亞大學，他對此書在台灣出版後的回響與得獎報導頗感興趣。2001年8月，《權力、政治與文化》問世，當時在紐約研究訪問的我再度與他相約見面，針對新書進行訪談，他還特地為我在新書題上 "to Te-hsing—learned friend, remarkable translator, comrade"（「致德興——博學之友，傑出譯者，同志」），多所期勉，誰知這次竟是兩人最後一次見面。基於先前合作經驗，麥田再度邀我翻譯，然而因為工程浩大，這本比照《知識分子論》模式完成的七百多頁譯作在他去世一年多之後才出版，扉頁特將他的題字照相製版，以示紀念。次（2006）年此書獲得行政院新聞局第三十屆金鼎獎「一般圖書類個人獎：最佳翻譯人獎」，卻已來不及與原作者分享這份榮耀。而前後三次訪談帶來的效應之一就是，不少讀者印象中的我是「薩依德的華文世界訪談者」。

　　《知識分子論》的出版稱得上是當年台灣出版界與文化界的盛事，一舉獲得該年度「中國時報開卷十大好書」和「聯合報讀書人最佳書獎」。我曾戲稱，該書會得獎是因為

　　薩依德的三次訪談經過，詳見〈最後的天空之後：敬弔永遠的知識分子薩依德〉，文收《邊緣與中心》（台北：立緒，2007年），頁70-75。

評審委員都是知識分子，不敢不支持這本書。然而更重要的原因應該是，評審們既知道作者及此書的重要性，也看得出中譯本額外花費的心力及特色（花在附文本上的時間與心力遠超過原文翻譯），甚至置於《知識分子論》在世界各語文的翻譯與接受史（reception history）中，這些附文本所展現的中譯本特色也都一目瞭然。此書出版後，有很長一段時間在台灣報章雜誌上凡是談到知識分子的議題，幾乎都會引用薩依德的看法，也幾乎毫無例外地忽略了譯者，再次印證了翻譯理論家韋紐提（Lawrence Venuti）所斥責的「譯者隱沒」（the translator's invisibility）的現象。而身為譯者的我對此早已司空見慣，因為不甘寂寞的人是很難埋首於吃力不討好的翻譯工作的。

　　班雅明曾以「來生」（"afterlife"）比喻翻譯。果真如此，《知識分子論》在華文世界可說有好幾個來生。第一個來生當然就是1997年麥田出版的《知識分子論》正體字版，而其中的附文本使得它在華文世界的來生比在原先英文世界的生命更為豐盛。幾年後，北京三聯書店透過華西醫科大學外語系文楚安教授與我聯繫，告知他們已取得簡體字版的版權，並有意使用我的譯本。我就此事請教雨航兄，他表示因為正體字版的版權並非賣斷給麥田，所以出版社尊重我的決定。站在知識傳播與文化推廣的立場，我當然樂觀其

成，也明白這對北京三聯書店是最省時、省事而且確保品質
的作法。為了彼此方便，雨航兄建議我採用中國大陸所謂
的「一次性交易」（即「賣斷」）。於是我與北京三聯書店簽
約，授權他們使用我的譯本。

　　由於海峽兩岸分隔多年，有些用語及表達方式不盡相
同，學術上的專有名詞也有歧異之處，為了讓全書更接近大
陸讀者的閱讀習慣，簡體字版特別請中國社會科學院外國文
學研究所陸建德先生校訂，我則完全尊重他們的意見——包
括把作者的名字改為大陸較熟悉的「薩義德」。唯一的例外
就是他們建議將書名改為「知識分子的代表」或「知識分子
的再現」時，我引用〈緒論〉中有關書名原意的繁複多義以
及中文書名的詮解據理力爭，並獲得對方接受，保留了這個
並非直譯、卻更符合中文習慣及另有意涵的書名，讓簡潔有
力的「知識分子論」一名通行於海峽兩岸。此外，我為2002
年4月出版的簡體字版寫了一千多字的〈后記〉，簡述此書
背景、我的翻譯理念、正體字版在台灣受到歡迎的情況及影
響。

　　2003年，薩依德在與血癌纏鬥多年後病逝於紐約。麥田
為了紀念這位當代傑出知識分子，並與簡體字版區隔，出版
《知識分子論》增訂版。增訂版除了修訂內文之外，並增加
了一篇三十四頁的長文〈永遠的知識分子薩依德〉和四頁的

年表，前者以薩依德有關知識分子的觀點來評論他的一生，
後者則條列作者生平大事，讓讀者更能了解他的生命脈絡，
而得以「知其人」，配合前面的書目提要以「識其書」，而
達到讀書、知人、論世之效。增訂版還使用了我最後一次與
薩依德訪談時所拍的照片作為封面。照片中的他狀至逍遙，
顯現出輕鬆瀟灑的一面。

　　正因為《知識分子論》在正體字版和簡體字版的不同來
生，使得它在華文世界擁有相當大的讀者群。[3] 我曾在海內、
外不同場合遇到這本書的讀者，他們與我分享閱讀《知識分
子論》的心得和啟發，屢屢確認這是華文世界共同關切的議
題，甚至一度在網上發現國內某大學研究所入學考試國文共
同科目引述此書長段譯文要學子申論，著實令我驚異，凡此
種種都讓我深感翻譯雖苦卻功不唐捐。

　　至於這次的版本則是麥田二十週年慶所精選的十大經典
──或可稱為「經典版」──由黃碧儀小姐參考先前兩個正
體字版，比對《薩依德在台灣》一書仔細校訂附文本（包括
更新附錄四的專書書目提要［增加薩依德過世之後迄今出版
的專書］及附錄五的〈薩依德年表大事紀〉），並於前後增

---

[3] 正體字版初刷兩千冊，連同增訂版重印多次，銷售量超過一萬七千冊。
　簡體字版初刷一萬五千冊，前後五刷，印量共達三萬五千冊。

加了兩篇文章：李有成教授的〈知識分子的畫像：單德興譯
《知識分子論》經典版序〉和筆者這篇〈後記：《知識分子
論》的中譯緣起與後續〉，分別從評者與譯者的不同角度，
觀察薩依德其人、其書、特色及在華文世界的意義與影響。
為了更方便讀者，經典版由原先的直排改為橫排，將每章
的尾註改為腳註，避免了閱讀時「顛來倒去」、「瞻前顧後」
的困擾，並予人耳目一新之感。

　　就我個人而言，此書也相當程度地改變了我的人生。在
我翻譯的近二十本書中，除了皈依師父聖嚴法師之外，很少
與原作者有如此深入的互動，然而即便是與聖嚴法師也沒有
進行過一對一的訪談。多年來我從多位受訪者身上不僅得到
知性的啟發，更從他們的態度、言行與往來中得到人生的啟
示。薩依德便讓我在三次直接接觸中受益良多，不僅是他對
於學問的反思與自剖，更重要的是親眼看到他如何堅持知識
分子的立場，並在惡疾纏身的困境中如何自處，讓自己的生
命盡情地發光發熱到最後一刻。即使在他過世之後，其著作
與理念依然啟迪人心，而他與知音巴倫波因合創的東西合集
管弦樂團也獨具特色，藉由音樂致力於促進以、阿相互了解
與世界和平。

　　其次，身為學者兼譯者，最理想的境界就是將學術、翻
譯與人生結合，而翻譯《知識分子論》和《權力、政治與文

化》就是這樣的實踐，目的在於透過翻譯這位文學與文化批評大師的作品，為華文世界帶入文化資本，進而讓他的思想落地生根，期盼能長出奇花異果，因為誠如反本質論的薩依德一再強調的，沒有純粹的文化可言，任何文化都早已是混雜的。至於在訪談作業全程中，無論先前的閱讀、準備問題，當面訪問本身，或後續的整理、翻譯、編輯……無不努力嘗試帶入台灣和華人世界的觀點，在涉及特殊觀念的討論及翻譯時更是如此。訪談和此書其他的附文本便是前述「雙重脈絡化」的具體實踐，目的在於協助翻譯、移植過來的理念能儘快發芽茁壯，成為華文世界的文化財。

翻譯此書也讓我進一步結合研究與教學，因為譯者必須是細讀者與傳達者，才能將閱讀、消化過的文字與觀念轉換成譯入語，在另一個語言與文化脈絡獲得新生／來生。《知識分子論》的出版固然是一個翻譯計畫的結束，卻也開啟我個人另一階段的研究與教學。在研究上，我繼續鑽研薩依德，或針對專書、專題加以探討，發表於學術期刊，或應出版社之邀為中譯本撰寫緒論與導讀，貢獻一愚之得。在教學上，我先後在台灣大學和交通大學外文研究所開設薩依德專題，帶領碩、博士生細讀薩依德的重要作品，進行通盤了解，並收教學相長之效（尤其是我不熟悉的西洋古典音樂）。此外，我也應邀針對薩依德的不同面向發表演講，對

象包括台港的外文系、中文系、民族學系、文化研究、通識
課程等的大學生與研究生,甚至台灣高中人文及社會科學的
資優生,親身體驗不同聽眾對薩依德的接受度,其中尤以高
中生的熱烈反應讓我驚喜,證明了只要有心以及事先妥善準
備,是可以運用深入淺出的方式達到相當程度的溝通與交流
效果。至於幾次的電台訪問也顯示了大眾媒體對薩依德的興
趣。

此次推出「經典版」的《知識分子論》至少有底下幾重
意義。首先,經過十四年的時光淘洗,更能看出此書的文化
意義與歷史價值。《聯合報》的年度書獎雖已停辦數載,但
多年來入選台灣兩大報好書榜的總數依然驚人,其中相當大
的比例是翻譯,然而到底有多少經得起時間——即使是十年
——的考驗?只消觀察《知識分子論》這些年來在華文世界
持續引發的注意,若說它是好書榜中的佼佼者,應非過譽之
詞。

其次,為了這個版本,特地邀請中央研究院歐美研究所
特聘研究員李有成教授撰寫推薦序。有成兄與我在台灣大
學外文研究所碩、博士班同學十年,並自1983年起在中央
研究院同事至今,數十年來論學、合作,幾乎無事不談,最
了解我的學思歷程與人生發展,是撰寫推薦序的最佳人選。
承蒙他在百忙中撥冗撰文,若套用《知識分子論》原書名直

譯，他的推薦序或可稱為「代表／再現知識分子的代表／再現」，也為作者與譯者之外增加了評者的聲音，形成另一類型的對話與後設評論。

第三，薩依德辭世至今轉眼八載，但他的著作繼續出版，中譯也不斷問世，有些原著是他生前已經發行，有些是他生前定稿卻未及付梓，有些是別人根據他生平發表的作品結集而成，有些則是別人根據他的遺稿整理而出版，其中若干在海峽兩岸各有正體字版和簡體字版流通，譯者或為同一人，或為不同人。[4]有論者指出，這種現象不免存在著「愛屋及烏」的心理，若作者不是薩依德，中文出版社可能沒有興趣出版其中若干一般說來比較冷門的著作。然而，從《知識分子論》以及華文世界後續對薩依德的熱心引介，可以看出無論是數量上或比例上，在當代外國文學與文化評論家或理論家中罕見出其右者，足證華文世界如何努力嘗試從多方位

---

4 第一類如 *The World, the Text, and the Critic*（1983；《世界‧文本‧批評家》，2009）、*After the Last Sky*（1986；《最後的天空之後》，2006）、*Power, Politics, and Culture*（2001；《權力、政治與文化》，2005）和 *Parallels and Paradoxes*（2002；《並行與弔詭》，2005），第二類如 *Humanism and Democratic Criticism*（2004；《人文主義與民主批評》，2006）和 *From Oslo to Iraq and the Road Map*（2004；《從奧斯陸到伊拉克及路線圖》，2009），第三類如 *Music at the Limits*（2007；《音樂的極境》，2009），第四類如 *On Late Style*（2006；《論晚期風格》，2009）。詳見〈薩依德專書中譯一覽表〉，《薩依德在台灣》，頁478-85。

來了解這位多才多藝、博學淵通、身體力行的知識分子。

　　薩依德的重要論點之一就是「理論之旅行」，先後兩度撰文討論，並舉實例說明理論由一地旅行至另一地可能產生的變化與影響。我曾在〈台灣的薩依德現象〉一文結尾「期盼新階段的誕生，讓我們既『見樹又見林』，又有自己觀點的薩依德研究。」該文寫於《知識分子論》出版後六年，那時華文世界對薩依德的譯介與討論依然有限，讓人有「見樹不見林」之憾。近年來，華文世界對薩依德相當熱中，除了他的政論因為時局丕變容或有明日黃花之嘆，以致較少翻譯之外，其他各類專書翻譯至今有十六本之多，已呈現出樹林的輪廓，接下來便是不同地區的人士針對各項議題深入研究，以期展現不同脈絡下的在地觀點。今（2011）年初筆者出版《薩依德在台灣》，並獻給薩依德。該書結合了多年的研究與教學心得，從書名就可看出身為台灣雙語知識分子的我，有意從在地觀點解讀薩依德的用心與努力，再度印證了他在華文世界可能具有的意義與影響，至於結果如何，還待長期檢視。

　　本篇〈後記〉主要說明《知識分子論》自 1997 年初版至今於華文世界的接受史，從身兼譯者、學者、教師、訪談者與傳播者的多重角度，提供一些個人的追憶與觀察，留下若干雪泥鴻爪。筆者有幸透過翻譯與研究和薩依德結下獨特

之緣，也希望透過翻譯與研究和華文世界的讀者廣結善緣。
有請讀者根據自己的知識、經驗與脈絡，針對這本經典版
《知識分子論》發展出個人的觀察與心得，並期盼緣緣相續。

2011 年 7 月 26 日
台北南港

中英索引

三劃

三好將夫, Miyoshi, Masao／94-95, 95n
丸山真男, Maruyama, Masao／95, 95n

四劃

中國／27, 78, 82, 89, 89-90n, 151, 179,
　185, 191, 199, 201
巴扎洛夫, Bazarov／66-67, 71, 109-10,
　123
巴尼沙德, Bani-Sadr, Abolhassan／157,
　158
巴克爾, Buckle, Henry Thomas／56-57
巴克禮, Buckley, William／43, 43n
巴倫波因, Barenboim, Daniel／256, 277,
　289, 290, 300
巴勒斯坦（人）, Palestine (Palestinian)／
　9-11, 13-16, 22-23, 26, 30-31, 33, 40,
　42, 49, 92, 100, 102-03, 141, 154-56,
　158, 160-62, 171-72, 181-84, 188, 198,
　204, 209, 210-11, 214-19, 222, 231,
　234-37, 239, 241, 244-46, 248,
　251-52, 256, 258, 267-70, 272-75,
　278-81, 285-89
巴瑞特, Barrett, William／124, 125
巴雷斯, Barrès, Maurice／58, 59n
比若, Bugeaud, Thomas Robert／146, 146n

王爾德, Wilde, Oscar／95-96, 123, 227

五劃

以色列（人）, Israel (Israeli)／10, 14, 31,
　100, 102-04, 133, 144, 150, 155,
　160-62, 162n, 172, 211, 216, 217, 231,
　245n, 248, 250, 251, 272, 273, 274,
　275, 278, 280, 286
加爾布雷思, Galbraith, John Kenneth／39
包德溫, Baldwin, James／48
卡瓦菲, Cavafy, Constantine／100, 100n
卡桑德拉, Cassandra／123
卡繆, Camus, Albert／64, 64n, 120, 126
古德諾, Gouldner, Alvin W.／60, 60n
史畢哲, Spitzer, Leo／104
史賓諾莎, Spinoza, Benedict de／55, 55n
尼采, Nietzsche, Friedrich Wilhelm／57
布希, Bush, George H. W.／49n, 149, 170
布里辛斯基, Brzezinski, Zbigniew K.／
　103, 103n, 104
布朗黛, Brontë, Charlotte／86
布勞恩, Braun, Wernher von／104-05
皮爾斯, Peirce, C. S.／153

六劃

《西貢姑娘》, *Miss Saigon*／187, 187n

伍爾芙，Woolf, Virginia／85-86, 88
〈自己的房間〉，"Room of One's Own,
　A"／85-86
伏爾泰，Voltaire, Jean François Arouet／
　55, 55n, 56, 58, 58n, 156n
吉辛，Gissing, George／44
安卡瑞提，Ungaretti, Giuseppe／100, 100n
托克維爾，Tocqueville, Alexis de／
　146-47, 220
有線電視新聞網，CNN／40
米爾思，Mills, C. Wright／72-74
艾德蒙森，Edmundson, Mark／11,
　203-31, 295
艾略特，Eliot, George／68, 83
西洛內，Silone, Ignazio／164, 164-65n

七劃

佛洛伊德，Freud, Sigmund／195, 277-78,
　290
克理斯朵，Kristol, Irving／125
克羅斯曼，Crossman, Richard／164-65
《失敗的上帝》，God That Failed, The／
　164-67
李思系列演講，Reith Lectures, The／11,
　33, 39-175, 234-35, 237, 242, 272-73,
　289
李普曼，Lippmann, Walter／44
李歐塔，Lyotard, Jean-François／30, 49,
　49n, 69
沙特，Sartre, Jean-Paul／46, 60, 63-65,
　120, 126, 129-30, 130n
《文學是什麼？》，What Is Literature?／

129-30, 130n
狄更斯，Dickens, Charles／67-68, 228
狄恩，Deane, Seamus／67-68
貝爾，Bell, Daniel／124, 125, 190
里爾克，Rilke, Rainer Maria／116

八劃

《空軍一號》，Air Force One／188, 188n, 189
奈波爾，Naipaul, V. S.／101-02, 107, 257,
　275
　《大河灣》，Bend in the River, A／101-02
孟福德，Mumford, Lewis／124
季辛吉，Kissinger, Henry／103-04
彼拉多，Pilate, Pontius／143, 143n
杭廷頓，Huntington, Samuel P.／28-29,
　49-50n, 184, 275
東方人，Orientals／42, 186-87, 189
波娃，Beauvoir, Simone de／64, 64n, 120,
　126
波灣戰爭，Gulf War／49n, 73, 81, 159, 172
法農，Fanon, Frantz／30, 92-93, 97, 147,
　192-93, 257
阿布－迪普，Abu-Deeb, Kamal／89
阿多諾，Adorno, Theodor Wiesengrund／
　107-13, 117, 193, 257, 270, 282
　《最低限度的道德》，Minima Moralia／
　109-11, 111n
阿宏，Aron, Raymond／126
阿里，Ali, Tariq／18, 281
阿拉法特，Arafat, Yasir／14, 16, 31, 180,
　183, 184, 250, 257, 275, 288, 289
阿契貝，Achebe, Chinua／194

阿多尼斯，Adonis／89, 92

阿諾德，Arnold, Matthew／81-82, 219
　《文化與無政府狀態》，*Culture and Anarchy*／81

九劃

侯爾，Howe, Irving／124, 125

哈代，Hardy, Thomas／68

奎爾，Quayle, Dan／90

威廉思，Williams, Raymond／41, 41n, 192, 257
　《關鍵字詞》，*Keywords*／41, 41n

威爾思，Wells, H. G.／44

威爾森，Wilson, Edmund／124

柯里，Carey, John／44, 44n
　《知識分子與群眾》，*Intellectuals and the Masses, The*／44, 44n

柯里爾，Collier, Peter／168

柯梅尼，Khomeini, Ayatollah／15, 31, 157, 158, 161

柏林，Berlin, Isaiah／64, 64n

柏格，Berg, Alban／107, 108n

洪保特，Humboldt, Wilhelm von／126-27, 127n

紀德，Gide, André／120, 120n, 164

美國之音，Voice of America／40

耶穌，Jesus (Christ)／55, 77, 143n

胡克，Hook, Sidney／125

胡塞爾，Husserl, Edmund／108, 108n

英國廣播公司，BBC／11, 33, 39n, 40, 50, 234, 235, 247, 253, 272, 289

十劃

哥扎德，Ghotbzadeh, Sadek／157

席爾思，Shils, Edward／87-88, 88n

桑塔格，Sontag, Susan／124, 125

格瓦拉，Guevara, Che／119, 119n

泰戈爾，Tagore, Rabindranath／16, 93, 93n

泰勒，Teller, Edward／104

海珊，Hussein, Saddam／149, 170, 172

班雅明，Benjamin, Walter／86, 87, 87n, 88, 297

班達，Benda, Julien／32-33, 43, 43n, 45, 46, 55-59, 77, 82, 88, 127
　《知識分子之背叛》，*La trahison des clercs*／55-56, 56n, 59n, 77

《紐約時報》，*New York Times*／80

《紐約書評》，*New York Review of Books*／125-26

納米爾，Namier, Lewis／70

納瑟，Nasser, Gamal Abdel／169, 170, 204

納粹，Nazi／59, 96, 96n, 103, 104n, 105, 108, 111

荀白克，Schoenberg, Arnold／107, 108n, 109

馬可波羅，Polo, Marco／113

馬克思，Marx, Karl／53, 108, 127n, 144, 160, 163, 171, 195, 241

馬悉隆，Massillon, Jean-Baptiste／56, 56n

馬提，Martí, José／16, 93, 93n

馬爾羅，Malraux, André／13-14, 120, 120n

馬富茲，Mahfouz, Naguib／194, 194n, 275

十一劃

《國王與我》, *King and I, The* ／ 187, 187n

勒夫, Rahv, Philip ／ 124

勒南, Renan, Ernest ／ 55, 55n, 56, 126

堂吉訶德, Quixote, Don ／ 58

密特朗, Mitterand, François ／ 120

屠格涅夫, Turgenev, Ivan Sergeyevich ／ 65-67, 68, 109-10, 122-23

　《父與子》, *Fathers and Sons* ／ 65-67, 109-10

崔靈, Trilling, Lionel ／ 124, 125, 219

康拉德, Conrad, Joseph ／ 24, 193, 200, 228, 257, 265, 275, 286

曼佐尼, Manzoni, Alessandro ／ 96, 96n

梅爾維爾, Melville, Herman ／ 117, 117n, 275

畢卡索, Picasso, Pablo ／ 96, 96n

莫布杜, Mobutu Sese Seko ／ 101, 102n

莫里亞克, Mauriac, Claude ／ 120, 120n

許烺光, Hsu, Francis L. K. ／ 185

麥加錫主義, McCarthyism ／ 165

麥克堂納, McDonald, Dwight ／ 124

麥爾坎‧X, X, Malcolm ／ 48

十二劃

喬伊斯, Joyce, James ／ 65, 67-68, 123, 228-29

　《一位年輕藝術家的畫像》, *Portrait of the Artist as a Young Man, A* ／ 65, 67-68, 123

　《尤利西斯》, *Ulysses* ／ 69

喬姆斯基, Chomsky, Noam ／ 22, 50, 79, 85, 134, 150n, 153, 153n, 231, 257

傅柯, Foucault, Michel ／ 23, 26, 30, 50, 60-61, 61n, 145, 191, 205, 207-08, 210, 211-13, 240, 257, 275

傑珂布絲, Jacobs, Jane ／ 124

凱辛, Kazin, Alfred ／ 124, 125

凱斯勒, Koestler, Arthur ／ 164, 165n

復興主義, Baathism ／ 170, 172

斯班德, Spender, Stephen ／ 164, 165n

湯恩比, Toynbee, Arnold ／ 40, 235

湯普森, Thompson, E. P. ／ 127, 128n, 169n

湯瑪斯‧曼, Mann, Thomas ／ 104, 104n

費內隆, Fénelon, François de Salignac de la Mothe ／ 56, 56n

《週日電訊報》, *Sunday Telegraph, The* ／ 42

黑人, Negroes ／ 42, 48, 103, 116, 117n, 147, 220

十三劃

奧斯汀, Austen, Jane ／ 42, 68, 86, 193, 194

　《曼斯菲爾德莊園》, *Mansfield Park* ／ 42

奧爾巴哈, Auerbach, Erich ／ 104, 279

奧維德, Ovid ／ 99

惹內, Genet, Jean ／ 64, 64n, 164

《新標準》, *New Criterion, The* ／ 125

瑟爾, Searle, John ／ 39, 39n

綏夫特, Swift, Jonathan ／ 106-07, 107n, 241, 251

　《布商書簡》, *Drapier's Letters, The* ／ 106

　《格理弗遊記》, *Gulliver's Travels* ／ 106, 107n, 293

達維希, Darwish, Mahmoud ／ 258

葛蘭西，Gramsci, Antonio／30, 53-54, 59-60, 61, 62, 87, 122, 192-93, 213, 257
  《獄中札記》，Prison Notebooks, The／53, 53n, 61, 213
詹姆斯，James, C. L. R.／30, 116-17, 147, 192-93, 224, 229, 231
  《水手‧叛徒‧流浪者》，Mariners, Renegades, and Castaways／117
  《黑人極端激進分子》，Black Jacobins, The／116
  《跨越界線》，Beyond a Boundary／116
詹森，Johnson, Paul／46, 46n
賈克比，Jacoby, Russell／124-27
  《最後的知識分子》，Last Intellectuals, The／124
賈貝斯，Jabès, Edmond／100, 100n
路易思，Lewis, Wyndham／43, 43n, 44
道爾，Dower, John／94, 94n

十四劃
圖森—路維杜爾，Toussaint-L'Ouverture, Pierre Dominique／116, 117n
福山，Fukuyama, Francis／49, 49n
福樓拜，Flaubert, Gustave／65, 70-71
  《情感教育》，Sentimental Education／65, 70-71
維科，Vico, Giambattista／115, 196, 205, 213, 240, 243, 257, 266, 275
  《新科學》，New Science, The／115
維瑟爾，Wiesel, Elie／96, 96n
維德，Vidal, Gore／50, 85

蓋爾納，Gellner, Ernest／45-46
  〈知識分子背叛之背叛〉，"La trahison de la trahison des clercs"／45

十五劃
德布雷，Debray, Regis／119-22
  《教師‧作家‧名流》，Teachers, Writers, Celebrities／119, 119n
德希達，Derrida, Jacques／190-91, 205, 207, 208
德思拉利爾，Deslauriers, Charles／70
德雷福斯，Dreyfus, Alfred／58-59
摩羅，Moreau, Frédéric／70-71
歐文，Owen, Wilfred／47, 47n
歐本海默，Oppenheimer, Robert／39, 39n, 61
歐威爾，Orwell, George／57, 57n, 79-80, 80n, 275
  《一九八四》，Nineteen Eighty-Four／57n
  〈政治與英語〉，"Politics and the English Language"／79-80
潘恩，Paine, Thomas／72
《遭遇》，Encounter／166
魯西迪，Rushdie, Salman／15, 31, 143, 194, 257
  《魔鬼詩篇》，Satanic Verses, The／15, 31, 143
魯濱遜，Crusoe, Robinson／113, 205
墨索里尼，Mussolini, Benito／53

十六劃
穆勒，Mill, John Stuart／147, 147n, 220

諾維克，Novick, Peter／144-45
　《那個崇高的夢想》，*That Noble Dream*
　　／144, 144n
霍布斯邦，Hobsbawm, Eric J.／127,
　127-28n, 275
霍洛維茲，Horowitz, David／168

十七劃
戴德勒斯，Dedalus, Stephen／67-69, 71,
　123, 136
戴禮，Dailey, Peter／48, 48n
穆罕默德，Mohammed, Mahomet／15
謝里阿提，Shariati, Ali／89
賽沙爾，Césaire, Aimé／30, 91, 91n, 93,
　147, 192-93, 229
賽爾，Sale, Kirkpatrick／89, 89n

十八劃
聶魯達，Neruda, Pablo／96, 96n
薩依德作品，Said, Edward W., works of
　《人文主義與民主批評》，*Humanism*
　　and Democratic Criticism／16, 17,
　　279-80, 303n
　《巴勒斯坦問題》，*Question of Palestine,*
　　The／9, 26, 182, 184, 214, 215, 217,
　　218-19, 236, 267-68, 287
　《文化與帝國主義》，*Culture and*
　　Imperialism／9, 30, 42, 147n, 219, 237,
　　241n, 255, 271-72, 289
　《世界・文本・批評家》，*World, the*
　　Text, and the Critic, The／9, 21-22, 25,
　　32, 107n, 231, 241n, 269, 288, 303n

　《和平及其不滿》，*Peace and Its Discontents*
　　／13, 273-74, 289
　《東方主義》，*Orientalism*／9, 10, 26, 28,
　　30, 42, 83n, 182, 184, 186, 191, 210,
　　213-15, 216, 217, 219, 220, 221, 236,
　　236-37n, 238, 241, 241n, 248, 251, 253,
　　254, 255, 266-67, 268, 271, 287, 293
　《流亡的省思及其他》，*Reflections on Exile*
　　and Other Essays／19, 271, 275-76, 290
　《流離失所的政治》，*Politics of*
　　Dispossession, The／10, 241, 272, 289
　《鄉關何處》，*Out of Place*／10-11, 182n,
　　255, 274, 290, 290n
　《採訪伊斯蘭》，*Covering Islam*／9, 26,
　　83n, 182, 184, 215, 236, 237n, 238,
　　241n, 251, 268-69, 288
薩克雷，Thackeray, William Makepeace／
　68
魏思特，West, Cornel／22

十九劃
懷特，White, Hayden／127, 128n
羅素，Russell, Bertrand／39, 39n, 63, 79,
　127, 235

二十劃
蘇格拉底，Socrates／55

二十一劃
顧拉克，Gluck, Carol／94, 94n
顧爾德，Gould, Glenn／127, 127n, 276,
　283

英中索引

A

Abu-Deeb, Kamal, 阿布—迪普／89

Achebe, Chinua, 阿契貝／194

Adonis, 阿多尼斯／89, 92

Adorno, Theodor Wiesengrund, 阿多諾／
　107-13, 117, 193, 257, 270, 282

　Minima Moralia,《最低限度的道德》／
　109-11, 111n

Ali, Tariq, 阿里／18, 281

Air Force One,《空軍一號》／188, 188n,
　189

Arafat, Yasir, 阿拉法特／14, 16, 31, 180,
　183, 184, 250, 257, 275, 288, 289

Arnold, Matthew, 阿諾德／81-82, 219

　Culture and Anarchy,《文化與無政府狀
　態》／81

Aron, Raymond, 阿宏／126

Auerbach, Erich, 奧爾巴哈／104, 279

Austen, Jane, 奧斯汀／42, 68, 86, 193, 194

　Mansfield Park,《曼斯菲爾德莊園》／42

B

BBC, 英國廣播公司／11, 33, 39n, 40, 50,
　234, 235, 247, 253, 272, 289

Baathism, 復興主義／170, 172

Baldwin, James, 包德溫／48

Bani-Sadr, Abolhassan, 巴尼沙德／157,
　158

Barenboim, Daniel, 巴倫波因／256, 277,
　289, 290, 300

Barrès, Maurice, 巴雷斯／58, 59n

Barrett, William, 巴瑞特／124, 125

Bazarov, 巴扎洛夫／66-67, 71, 109-10, 123

Beauvoir, Simone de, 波娃／64, 64n, 120,
　126

Bell, Daniel, 貝爾／124, 125, 190

Benda, Julien, 班達／32-33, 43, 43n, 45,
　46, 55-59, 77, 82, 88, 127

　La trahison des clercs,《知識分子之背叛》
　／55-56, 56n, 59n, 77

Benjamin, Walter, 班雅明／86-87, 87n, 88,
　297

Berg, Alban, 柏格／107, 108n

Berlin, Isaiah, 柏林／64, 64n

Braun, Wernher von, 布勞恩／104-05

Brontë, Charlotte, 布朗黛／86

Brzezinski, Zbigniew K., 布里辛斯基／103,
　103n, 104

Buckle, Henry Thomas, 巴克爾／56

Buckley, William, 巴克禮／43

Bugeaud, Thomas Robert, 比若／146, 146n

Bush, George H. W., 布希／49n, 149, 170

C

CNN, 有線電視新聞網／40

Camus, Albert, 卡繆／64, 64n, 120, 126

Carey, John, 柯里／44

    Intellectuals and the Masses, The,《知識分子與群眾》／44

Cassandra, 卡桑德拉／123

Cavafy, Constantine, 卡瓦菲／100, 100n

Césaire, Aimé, 賽沙爾／30, 91, 91n, 93, 147, 192-93, 229

Chomsky, Noam, 喬姆斯基／22, 50, 79, 85, 134, 150n, 153, 153n, 231, 257

Collier, Peter, 柯里爾／168

Conrad, Joseph, 康拉德／24, 193, 200, 228, 257, 265, 275, 286

Crossman, Richard, 克羅斯曼／164-65

    God That Failed, The,《失敗的上帝》／164-67

Crusoe, Robinson, 魯濱遜／113, 205

D

Dailey, Peter, 戴禮／48, 48n

Darwish, Mahmoud, 達維希／258

Deane, Seamus, 狄恩／67-68

Debray, Regis, 德布雷／119-22

    Teachers, Writers, Celebrities,《教師・作家・名流》／119, 119n

Dedalus, Stephen, 戴德勒斯／67-69, 71, 123, 136

Derrida, Jacques, 德希達／190-91, 205, 207, 208

Deslauriers, Charles, 德思拉利爾／70

Dickens, Charles, 狄更斯／67, 228

Dower, John, 道爾／94, 94n

Dreyfus, Alfred, 德雷福斯／58-59

E

Edmundson, Mark, 艾德蒙森／11, 203-31, 295

Eliot, George, 艾略特／68, 83

Encounter,《遭遇》／166

F

Fanon, Frantz, 法農／30, 92-93, 97, 147, 192-93, 257

Fénelon, François de Salignac de la Mothe, 費內隆／56, 56n

Flaubert, Gustave, 福樓拜／65, 70-71

    Sentimental Education,《情感教育》／65, 70-71

Foucault, Michel, 傅柯／23, 26, 30, 50, 60-61, 61n, 145, 191, 205, 207-08, 210, 211-13, 240, 257, 275

Freud, Sigmund, 佛洛伊德／195, 277-78, 290

Fukuyama, Francis, 福山／49, 49n

G

Galbraith, John Kenneth, 加爾布雷思／39

Gellner, Ernest, 蓋爾納／45-46

    "La trahison de la trahison des clercs", 〈知識分子背叛之背叛〉／45

Genet, Jean, 惹內／64, 64n, 164

Ghotbzadeh, Sadek, 哥扎德／157

Gide, André, 紀德／120, 120n, 164

Gissing, George, 吉辛／44

Gluck, Carol, 顧拉克／94, 94n

Gould, Glenn, 顧爾德／127, 127n, 276, 283

Gouldner, Alvin W., 古德諾／60, 60n

Gramsci, Antonio, 葛蘭西／30, 53-54, 59-60, 61, 62, 87, 122, 192-93, 213, 257

　　Prison Notebooks, The,《獄中札記》／53, 53n, 61, 213

Guevara, Che, 格瓦拉／119, 119n

Gulf War, 波灣戰爭／49n, 73, 81, 159, 172

H

Hardy, Thomas, 哈代／68

Hobsbawm, Eric J., 霍布斯邦／127, 127-28n, 275

Hook, Sidney, 胡克／125

Horowitz, David, 霍洛維茲／168

Howe, Irving, 侯爾／124, 125

Hsu, Francis L. K. 許烺光／185

Humboldt, Wilhelm von, 洪保特／126-27, 127n

Huntington, Samuel P., 杭廷頓／28-29, 49-50n, 184, 275

Hussein, Saddam, 海珊／149, 170, 172

Husserl, Edmund, 胡塞爾／108, 108n

I

Israel (Israeli), 以色列（人）／10, 14, 31, 100, 102-04, 133, 144, 150, 155, 160-62, 162n, 172, 211, 216, 217, 231, 245n, 248, 250, 251, 272, 273, 274, 275, 278, 280, 286

J

Jabès, Edmond, 賈貝斯／100, 100n

Jacobs, Jane, 傑珂布絲／124

Jacoby, Russell, 賈克比／124-27

　　Last Intellectuals, The,《最後的知識分子》／124

James, C. L. R. 詹姆斯／30, 116-17, 147, 192-93, 224, 229, 231

　　Beyond a Boundary,《跨越界線》／116

　　Black Jacobins, The,《黑人極端激進分子》／116

　　Mariners, Renegades and Castaways,《水手‧叛徒‧流浪者》／117

Jesus (Christ), 耶穌／55, 77, 143n

Johnson, Paul, 詹森／46, 46n

Joyce, James, 喬伊斯／65, 67-68, 123, 228-29

　　Portrait of the Artist as a Young Man, A,《一位年輕藝術家的畫像》／65, 67-68, 123

　　Ulysses,《尤利西斯》／69

K

Kazin, Alfred, 凱辛／124, 125

Khomeini, Ayatollah, 柯梅尼／15, 31, 157, 158, 161

King and I, The,《國王與我》／187, 187n

Kissinger, Henry, 季辛吉／103-04

Koestler, Arthur, 凱斯勒／164, 165n

Kristol, Irving, 克理斯朵／125

L

Lewis, Wyndham, 路易思／43, 43n, 44

Lippmann, Walter, 李普曼／44

Lyotard, Jean-François, 李歐塔／30, 49, 49n, 69

M

Mahfouz, Naguib, 馬富茲／194, 194n, 275

Malraux, André, 馬爾羅／13-14, 120, 120n

Mann, Thomas, 湯瑪斯・曼／104, 104n

Manzoni, Alessandro, 曼佐尼／96, 96n

Martí, José, 馬提／16, 93, 93n

Maruyama, Masao, 丸山真男／95, 95n

Marx, Karl, 馬克思／53, 108, 127n, 144, 160, 163, 171, 195, 241

Massillon, Jean-Baptiste, 馬悉隆／56, 56n

Mauriac, Claude, 莫里亞克／120, 120n

McCarthyism, 麥加錫主義／165

McDonald, Dwight, 麥克堂納／124

Melville, Herman, 梅爾維爾／117, 117n, 275

Mill, John Stuart, 穆勒／147, 220

Mills, C. Wright, 米爾思／72-74

Miss Saigon, 《西貢姑娘》／187, 187n

Mitterrand, François, 密特朗／120

Miyoshi, Masao, 三好將夫／94-95, 95n

Mobutu Sese Seko, 莫布杜／101, 102n

Mohammed, Mahomet, 穆罕默德／15

Moreau, Frédéric, 摩羅／70-71

Mumford, Lewis, 孟福德／124

Mussolini, Benito, 墨索里尼／53

N

Naipaul, V. S., 奈波爾／101-02, 107, 257, 275

　Bend in the River, A, 《大河灣》／101-02

Namier, Lewis, 納米爾／70

Nasser, Gamal Abdel, 納瑟／169, 170, 204

Nazi, 納粹／59, 96, 96n, 103, 104n, 105, 108, 111

Negroes, 黑人／42, 48, 103, 116, 117n, 147, 220

Neruda, Pablo, 聶魯達／96, 96n

New Criterion, The, 《新標準》／125

New York Review of Books, 《紐約書評》／125-26

New York Times, 《紐約時報》／80

Nietzsche, Friedrich Wilhelm, 尼采／57

Novick, Peter, 諾維克／144-45

　That Noble Dream, 《那個崇高的夢想》／144, 114n

O

Oppenheimer, Robert, 歐本海默／39, 39n, 61

Orientals, 東方人／42, 186-87, 189

Orwell, George, 歐威爾／57, 57n, 79-80, 80n, 275

　Nineteen Eighty-Four, 《一九八四》／57

　"Politics and the English Language", 〈政治與英語〉／79-80

Ovid, 奧維德／99

Owen, Wilfred, 歐文／47, 47n

P

Paine, Thomas, 潘恩／72

Palestine (Palestinian), 巴勒斯坦（人）／
　9-11, 13-16, 22-23, 26, 30-31, 33, 40,
　42, 49, 92, 100, 102-03, 141, 154-56,
　158, 160-62, 171-72, 181-84, 188, 198,
　204, 209, 210-11, 214-19, 222, 231,
　234-37, 239, 241, 244-46, 248,
　251-52, 256, 258, 267-70, 272-75,
　278-81, 285-89

Peirce, C. S., 皮爾斯／153

Picasso, Pablo, 畢卡索／96, 96n

Pilate, Pontius, 彼拉多／143, 143n

Polo, Marco, 馬可波羅／113

Q

Quayle, Dan, 奎爾／90

Quixote, Don, 堂吉訶德／58

R

Rahv, Philip, 勒夫／124

Reith Lectures, The, 李思系列演講／11,
　33, 39-175, 234-35, 237, 242, 272-73,
　289

Renan, Ernest, 勒南／55, 55n, 56, 126

Rilke, Rainer Maria, 里爾克／116

Rushdie, Salman, 魯西迪／15, 31, 143,
　194, 257

　Satanic Verses, The, 《魔鬼詩篇》／15,
　31, 143

Russell, Bertrand, 羅素／39, 39n, 63, 79,
　127, 235

S

Said, Edward W., works of：薩依德作品

　Covering Islam, 《採訪伊斯蘭》／9, 26,
　83n, 182, 184, 215, 236, 237n, 238,
　241n, 251, 268-69, 288

　Culture and Imperialism, 《文化與帝國主
　義》／9, 30, 42, 147n, 219, 237, 241n,
　255, 271-72, 289

　Humanism and Democratic Criticism, 《人文
　主義與民主批評》／16, 17, 279-80,
　303n

　Orientalism, 《東方主義》／9, 10, 26, 28,
　30, 42, 83n, 182, 184, 186, 191, 210,
　213-15, 216, 217, 219, 220, 221, 236,
　236-37n, 238, 241, 241n, 248, 251, 253,
　254, 255, 266-67, 268, 271, 287, 293

　Out of Place, 《鄉關何處》／10-11, 182n,
　255, 274, 290, 290n

　Peace and Its Discontents, 《和平及其不滿》
　／13, 273-74, 289

　Politics of Dispossession, The, 《流離失所的
　政治》／10, 241, 272, 289

　Question of Palestine, The, 《巴勒斯坦問
　題》／9, 26, 182, 184, 214, 215, 217,
　218-19, 236, 267-68, 287

　Reflections on Exile and Other Essays, 《流亡
　的省思及其他》／19, 271, 275-76, 290

　World, the Text, and the Critic, The, 《世界·
　文本·批評家》／9, 21-22, 25, 32,
　107n, 231, 241n, 269, 288, 303n

Sale, Kirkpatrick, 賽爾／89, 89n

Sartre, Jean-Paul, 沙特／46, 60, 63-65, 120,

126, 129-30, 130n

What Is Literature?,《文學是什麼？》／
129-30, 130n

Schoenberg, Arnold, 荀白克／107, 108n,
109

Searle, John, 瑟爾／39, 39n

Shariati, Ali, 謝里阿提／89

Shils, Edward, 席爾思／87-88, 88n

Silone, Ignazio, 西洛內／164, 164-65n

Socrates, 蘇格拉底／55

Sontag, Susan, 桑塔格／124, 125

Spender, Stephen, 斯班德／164-65

Spinoza, Benedict de, 史賓諾莎／55, 55n

Spitzer, Leo, 史畢哲／104

Sunday Telegraph, The,《週日電訊報》／42

Swift, Jonathan, 綏夫特／106-07, 107n,
241, 251

　Drapier's Letters, The,《布商書簡》／106

　Gulliver's Travels,《格理弗遊記》／106,
107n, 293

T

Tagore, Rabindranath, 泰戈爾／16, 93, 93n

Teller, Edward, 泰勒／104

Thackeray, William Makepeace, 薩克雷／68

Thompson, E. P., 湯普森／127, 128n, 169n

Tocqueville, Alexis de, 托克維爾／146-47,
220

Toussaint L'Ouverture, Pierre Dominique,
圖森—路維杜爾／116, 117n

Toynbee, Arnold, 湯恩比／40, 235

Trilling, Lionel, 崔靈／124, 125, 219

Turgenev, Ivan Sergeyevich, 屠格涅夫／
65-67, 68, 109-10, 122-123

　Fathers and Sons,《父與子》／65-67,
109-10

U

Ungaretti, Giuseppe, 安卡瑞提／100, 100n

V

Vico, Giambattista, 維科／115, 196, 205,
213, 240, 243, 257, 266, 275

　New Science, The,《新科學》／115

Vidal, Gore, 維德／50, 85

Voice of America, 美國之音／40

Voltaire, Jean François Arouet, 伏爾泰／55,
55n, 56, 58n, 156n

W

Wells, H. G., 威爾思／44

West, Cornel, 魏思特／22

White, Hayden, 懷特／127-28

Wiesel, Elie, 維瑟爾／96, 96n

Wilde, Oscar, 王爾德／95-96, 123, 227

Williams, Raymond, 威廉思／41, 192, 257

　Keywords,《關鍵字詞》／41

Wilson, Edmund, 威爾森／124

Woolf, Virginia, 伍爾芙／85-86, 88

　"Room of One's Own, A",〈自己的房間〉
／85-86

X

X, Malcolm, 麥爾坎・X／48

Representations of the Intellectual: The 1993 Reith Lectures
Copyright © 1994 by Edward W. Said
Complex Chinese edition copyright © 1997, 2004, 2011 Rye Field Publications,
A division of Cité Publishing Ltd.
All Rights Reserved

麥田人文 80

知識分子論
Representations of the Intellectual

作　　　者　艾德華・薩依德（Edward W. Said）
譯　　　者　單德興
校　　　者　單德興　黃碧儀　陳雪美
特 約 編 輯　金薇華
責 任 編 輯　黃秀如　吳惠貞
封 面 設 計　王志弘

編 輯 總 監　劉麗真
總 經 理　陳逸瑛
發 行 人　涂玉雲
出　　　版　麥田出版
　　　　　　城邦文化事業股份有限公司
　　　　　　104台北市中山區民生東路二段141號5樓
　　　　　　電話：02-2500-7696　傳真：02-2500-1966
　　　　　　部落格：http://ryefield.pixnet.net/blog
發　　　行　英屬蓋曼群島商家庭傳媒股份有限公司城邦分公司
　　　　　　104台北市中山區民生東路二段141號11樓
　　　　　　書虫客服服務專線：02-2500-7718・02-2500-7719
　　　　　　24小時傳真服務：02-2500-1990・02-2500-1991
　　　　　　服務時間：週一至週五09:30-12:00・13:30-17:00
　　　　　　郵撥帳號：19863813　戶名：書虫股份有限公司
　　　　　　讀者服務信箱E-mail：service@readingclub.com.tw
　　　　　　歡迎光臨城邦讀書花園　網址：www.cite.com.tw
香港發行所　城邦（香港）出版集團有限公司
　　　　　　香港灣仔駱克道193號東超商業中心1樓
　　　　　　電話：(852) 25086231　傳真：(852) 25789337
　　　　　　E-mail：hkcite@biznetvigator.com
馬新發行所　城邦（馬新）出版集團【Cite(M)Sdn. Bhd.(458372U)】
　　　　　　11, Jalan 30D/146, Desa Tasik,
　　　　　　Sungai Besi, 57000 Kuala Lumpur, Malaysia.
　　　　　　電話：(603) 90563833　傳真：(603) 90562833
印　　　刷　前進彩藝股份有限公司
初 版 一 刷　1997年11月
三 版 一 刷　2011年10月

ISBN：978-986-173-678-5
售價：350元

城邦讀書花園
www.cite.com.tw

國家圖書館出版品預行編目資料

知識分子論／艾德華・薩依德（Edward W. Said）
　著；單德興譯. -- 三版. -- 臺北市：麥田出版：
家庭傳媒城邦分公司發行, 2011.10
　　面；　公分. --（麥田人文；80）
　譯自：Representations of the intellectual
　ISBN 978-986-173-678-5（平裝）

　1.知識分子

546.1135　　　　　　　　　　　　　　100017106